초등
학부모
상담

학생, 학부모, 교사가 함께 성장하는

초등
학부모
상담

김연민, 김태승 지음

푸른칠판

목차

Part 4 학부모 상담, 즉문즉설

"선생님! 저희 아이에 대해서 잘 모르셔서 그러시나 본데 저희 아이는 절대 그런 나쁜 아이가 아니에요! 선생님이 우리 아이를 나쁘게 보셔서 그런 거 아닌가요? 아이가 그랬다고 하더라도 너그럽게 이해해 주시고 사랑으로 보듬어야 하는 게 선생님의 의무 아닌가요? 선생님이 어떻게 하셨기에 아이가 학교를 가기 싫다고 말하나요? 저희 아이 전학 시키겠습니다."

발령 첫 해, 별 문제 없이 잘 지내고 있던 중에 어느 학생의 할머니께서 화가 잔뜩 난 목소리로 전화를 하셨다. 등하굣길에 스치듯 만나면 항상 "선생님만 믿겠습니다. 부족한 우리 아이 잘 부탁드립니다."라는 말을 하셨던 분이라 이 전화 한 통은 나를 순식간에 흔들어 놓았다.

그 해에 학생들은 참 고마울 정도로 나를 잘 따랐다. 하지만 그 학생만큼은 예외였다. 계속 나에게 예의 없는 언행을 하다가 몇 차례 지적을 받았다. 그러던 중 점심시간에 내가 잠시 자리를 비운 사이, 내 식판에 장난을 쳤나 보다. 그 모습을 본 다른 학생이 나에게 알려 주었고 나는 사실을 확인한 후 그 학생을 꾸짖었던 일이 있었다. 그 일 때문이었다.

할머니의 전화 한 통은 나를 수치스럽게 만들었고 모욕감마저 들게 했다. 다음 날 퇴근할 무렵에 결국 빈 교실에서 펑펑 울고 나서 속은 좀 시원했지만, 깨진 신뢰를 어떻게 회복해야 할지 몰랐다. 아니, 솔직히 말하면 그 당시 내 마음은 신뢰를 다시 쌓고 싶지 않았을지도 모른다.

지금 생각해 보니 그때 보다 원만하게 해결했다면, 내 마음의 건강도 덜 해치고 스트레스를 덜 받을 수 있었을 텐데, 솔직히 그 당시에는 어떻게 해야 할지 몰랐다. 151학점이 넘는 교대 교육과정 안에서 학부모와의 관계를 배운 적도 없었고 관련 지식도 없던 나는 그저 속앓이만 하다가 결국 관계를 말끔하게 해결하지 못한 채로 그 학생은 졸업을 했다.

교사가 한 해에 관계를 맺는 사람은 평균 20여 명의 학생만이 아니다. 여기에 학부모, 조손 가정의 사례까지 더하면 더 많은 인간관계를 형성하고 1년 동안 관리해야 된다. 또 아무리 관계가 잘 형성되고 관리되었다고 하더라도 학교폭력과 같은 민감한 일들이 발생한다면 상황은 더욱 복잡해지고 어려워진다.

원하든, 원치 않든 해마다 반복적으로 하는 학부모 상담을 이왕이면 학급 운영에 도움이 되는 방향으로 의미 있게 진행하는 것은 어떨까?

학부모 상담은 학부모를 마주하는 다른 행사들, 즉 공개수업이나 학부모 총회보다 훨씬 학부모와의 밀착된 만남을 전제하고 있다. 이런 만남을 효과적으로 활용하여 학부모를 든든한 후원자로 만들고, 우리 반 학급 운영을 보다 내실 있게 가꾸어 갈 수 있다면 그 혜택은 학생과 담임교사에게 오롯이 돌아갈 것이다.

그럼에도 불구하고 '학부모와의 협력적인 관계 맺기가 꼭 필요한 것일까?' 하는 의문이 들 수 있다. 이 의문의 본질은 필요성을 부정하는 것이 아니다. 필요성은 인정하지만 학부모와의 관계 맺기가 어렵고 힘들다는 가설 때문에 생기는 의문이다.

그러나 이 책의 제목에 관심을 갖고 이 글을 읽고 있다면 벌써 절반 이상 성공한 것이라 생각한다. 이 책을 읽는 선생님들은 학부모 상담이 피하고 싶은 영역임에도 불구하고, 보다 의미 있게 해 보려는 것을 스스로 선택했기 때문이다. 이 작은 선택이 학부모의 마음, 담임교사의 마음을 차근차근 바라볼 수 있는 용기의 씨앗이다.

이 책은 필자들이 지난 몇 년간 '학부모 상담'을 주제로 1정 연수, 초임교사 연수, 자율 연수에서 만난 많은 선생님들의 이야기, 질문들을 바탕으로 쓰기 시작했다. 또 학부모 상담을 적극적으로 활용하여 우리 교실의 교육 활동에 도움을 되었으면 하는 바람, 더 잘해 보고 싶다는 욕구가 녹아 있는 책이다. 강의실에서 만난 많은 선생님들은 정말 적극적이고 의욕적이었으며, 나의 교실을 잘 가꾸고자 하는 열정이 뭉클할 정도였다.

이 책의 각 파트에서 다루고 있는 주제들을 함께 생각하고 고민하다 보면 학부모 상담을 할 수 있는 용기가 생기고 결국 학부모 상담에 대한 효능감과 자신감이 자리 잡을 것이다. 또한 이는 다시 교직 생활의 만족도를 높이는 변인이 될 것으로 확신한다.

이 책이 우리 선생님들이 가진 열정을 구체화하고 선생님들만의 학부모 상담 노하우를 쌓는 데 도움이 되기를 바라는 마음이다.

-지은이 김태승

Part 1

학부모 상담이 두려운 당신,
지극히 정상이다

1. 학부모 상담이 자신 없다면?

'내가 초짜라는 걸 들키면 어쩌지?'

학부모 상담 내내 이런 생각이 들었다. 그저 공감해 주고 끄덕여 주면 된다는데, 이상하게 학부모 상담 내내 가슴이 두근거린다. 자꾸 시계만 보게 되고, 학부모의 이야기에 집중이 잘 되지 않는다.

"선생님, 어떻게 하면 좋죠?"

순간 나도 모르게 "그러게요, 어떡해야 할까요?"라는 말이 튀어나올 뻔했다. 솔직한 심정으로는 나도 어떻게 해야 할지 잘 모르겠다.

어쩌면 나 스스로 전문적인 지식이 부족하다고 느껴져서 그런 것일수도 있다. 또 한편으로는 내가 하는 말이 혹여나 학생 또는 학생의 가족에게 잘못된 영향을 주면 어쩌나 하는 걱정 때문에 어떻게 해야 할지 몰라 그런 것일 수도 있다. 그러나 솔직히 말하자면 학부모가 나를 '뭘 모르는 교사'로 여길지도 모른다는 것이 가장 두렵다.

상담을 글로만 배운 나는 제대로 누군가를 상담해 준 적도 없고, 나또한 상담을 받아 본 적도 없다. 살아오면서 딱히 문제를 일으킨 적도 없고, 상담 받아야 할(?) 사람이 되고 싶지도 않았기 때문에 내 인생에서 상담 경험은 손에 꼽을 정도다.

"○○이는 잘하니까, 그냥 지금처럼만 해."

이 정도가 학창 시절 내가 받았던 최고의, 그리고 최장의 상담이었을 것이다. 그렇다. 난 상담을 잘 모른다. 그러니 더욱 누굴 상담해 줄 처지가 못 되는 것 같다. 그러나 내 앞에 앉은 학부모는 절실할지도 모른다. 아니면 내가 어떻게 나올지 판단하고 있을지도 모른다. 이렇든 저렇든 모든 해답을 내가 내놓아야 할 것만 같은, 나만 짐을 짊어지는 것만 같은 이 상황이 무척이나 버겁게 느껴진다.

한차례 상담을 끝내고 의자에 축 늘어진 채로 한참을 있었다. 조금 있으면 또 다른 분이 오신다. 다시 심장이 쿵쾅거린다.

어떤 말부터 해야 할까? 무슨 이야기를 해야 할까? 내가 그 학생에 대해 잘 알고 있는 건 맞나? 내가 잘 모른다고 생각하면 어쩌지? 온갖 생각이 머리를 두드린다.

"나, 학부모 상담이 왜 이렇게 자신 없을까?"

교사라면 피할 수 없는 학부모 상담

'복세편살'이란 말이 한동안 유행한 적이 있다. '복잡한 세상 편하게 살자'를 줄인 것이다. 어려운 일이나 걱정스러운 일에 너무 많은 힘을 들이거나 고민하지 말라는 뜻이다. 피할 수 있으면 최대한 피해 보라는 의미의 '피할 수 없으면 즐겨라.'라는 말과는 조금 성격이 다른 말이다.

모든 교사들이 학부모 상담을 어려워하는 것은 아니다. 하지만 학부모 상담이 두렵지 않은 교사라도 상담 준비, 과정, 돌발 상황 속에서 상처를 받는 일은 생긴다. 시간이 지나도 상처가 회복되지 않고, 이런 상황이 누적되거나 지속적인 문제 발생이 예상되면 학부모 상담이란 것 자체를 피하려는 마음이 생긴다. 아직 그런 상황을 겪어 보지 않은 교사라 해도, 선배들이나 동료들의 입을 통해 '어마무시'했던 그리고 상처받았던 상담의 경험이 전이되기도 한다. 그래서 많은 신규 교사나 저경력 교사가 학부모 상담 대신 '혼자 끌어안기'를 선택한다. 학생의 문제를 온전히 자신의 힘으로 감당하려는 것이다. 결국 문제가 계속 쌓여 한계에 다다르고 나서야 교사는 "왜, 그동안 학부모와 소통하지 않았나!"라는 이야기를 들으며 구석에 몰리게 된다.

냉정하게 말해서, 교사가 학부모 상담을 피할 수 있을까? 불가능한 일이다. 그렇다고 '피할 수 없으니 즐기라'고 말하려는 것은 아니다. 피할 수 없다면 제대로 부딪혀 봐야 한다. 그럼 학부모 상담을 시작하기도 전부터 두근대는 마음과 감정의 원인은 무엇일까?

경험과 지식만으로, 그리고 완벽하게 문제를 해결해 줄 수 없는 '상담'이기에 누구에게나 상담은 어렵고, 두렵다. 그리고 그 두려움에는 많은 원인이 있다. 이 원인들을 하나씩 살펴보다 보면, 그 두려움이 혼자만의 것이 아니라는 사실을 알 수 있을 것이다.

다시 한 번 말하지만 학부모 상담, 당신만의 두려움이 아니다.

'교육 전문가'라는 의욕이 만든 긴장감

대부분의 교사들은 학창 시절 열심히 공부했고, 대학 과정에서도 교사로서 필요하다고 생각하는 소양과 자질을 갖추기 위해 노력한다. (그렇게 해야만 교사가 될 수 있는 시스템이기도 하지만) 그래서 어떤 상황에서도 남들보다 뒤처지지 않으려고 노력한다. 교육 분야에 있어서만큼은 자신만의 욕심이 있기 때문에 교과나 체험 활동에 대한 경험과 지식도 풍부한 편이다.

그러나 상담 분야에 있어서는 기본적인 지식만 익히고 졸업하는 정도로, 직접 경험이 매우 부족하다.

그러므로 교직 초기 대부분의 학부모 상담은 교사가 그동안 살아온 직·간접적인 경험에 근거해서 할 수밖에 없다. 게다가 학생을 파악하는 능력도 그저 일상을 관찰하고 이해하는 수준 정도밖에 되지 않아, 처음부터 깊이 있는 상담을 하기란 거의 불가능하다. 그럼에도 불구하고, 자신이 가진 역량에 비해 많은 욕심을 부리게 된다. 학부모에게 학생을 완벽하게 파악하고 있다는 것을 보여 주고 싶은 마음도 있고, 실제로 학부모에게 시원한 해결책도 주고 싶기 때문이다.

그러나 앞에 앉아 있는 학부모는 호시탐탐 교사의 전문성을 시험하는 면접관처럼 부담스러운 존재처럼 느껴진다. 그럴수록 초짜처럼 보이고 싶지 않다는 마음이 솟아난다.

'학부모에게 교육 전문가로 보이고 싶다!'

그러나 교사 자신은 알고 있다. 솔직히 잘 모른다는 것을 말이다.

그렇다면, 잘 알기 위해서 얼마나 노력했는지 스스로 되돌아보아야 한다. 하지만 상담을 위해 무엇을 준비하면 좋은지, 또 어떻게 구조화해서 교사의 이야기와 의도를 학부모에게 효과적으로 전할 수 있을지 감이 잡히지 않는다.

즉, '교사가 무엇을 모르는지 모르는 상태'에서 학생을 관찰하고 교사의 짧은 경험 안에서 학부모 상담을 해야 하는데, 교사 자신에 대한 눈높이는 '교육 전문가'에 맞춰져 있으니 긴장할 수밖에 없다.

인정할 것은 인정해야 한다. 아직 우리는 상담 영역에서만큼은 이제막 첫걸음마를 시작한 아기처럼 넘어지고 상처가 날 수도 있다.

천천히 시작한다는 마음, 나도 함께 알아간다는 마음으로 학부모 상담을 준비하고 시작하는 것이다.

학부모 또한 상당히 긴장하고 걱정스러운 마음으로 교사를 만나러 온다는 점 또한 기억해 두자.

학교 상담의 근원적 문제

학부모 상담이 두려운 이유는 학교 상담의 제도적 문제에서도 찾을 수 있다.

첫 번째 문제는 상담 주체인 학생을 제외시킨 상태에서 상담이 진행된다는 것이다.

학부모와의 만남은 학생이라는 공통분모가 있기 때문에 가능한 것이다. 그런데 학생이 빠져 있는 상황에서 가정에서의 보호자, 학교에서의 보호자가 서로 서먹하게 만나게 된다. 주인공이 없는 상황에서 주인공에 대해 말하려면 '기억'에 의존해야 한다. 학부모는 집에서의 모습을 '기억'할 것이고, 교사는 학교에서의 '기억'을 말할 것이다. 문제는 대화와 만남의 분위기에 따라 그 '기억'이 왜곡되어 재생될 수도 있고, 듣는 사람은 사실과 다른 '오해'를 할 수도 있다. 게다가 학부모와 교사 모두 긴장한 상태이기 때문에 기억에 대한 억지스러운 해설이 붙기에도 좋은 환경이다.

상황과 정도에 따라 다르겠지만, 학부모가 학생에 대한 교사의 평가를 쉽게 받아들이지 못하고, 교사는 그것을 말과 글로 증명할 수밖에 없는 상황이 오는 것이다. 그러므로 교사는 학생과 함께할 수 있다면 학생을 포함하여 상담하는 것이 좋고, 어려운 상황이라면 그만큼 객관적 자료를 확보해야 한다.

당연히 어려울 수도 있지만, 첫 준비만 잘한다면 학부모의 신뢰가 높아지고 이후의 훈육과 지도의 수고로움이 크게 줄어들 것이다.

두 번째로 대부분의 학교에서 '상담 주간'에 몰아치듯 상담을 기획하고 실행한다는 것이다.

대부분 학기 시작 즈음이 학부모 상담 주간으로 정해지는데, 이때는 교사들이 학생을 관찰하거나 파악할 시간이 넉넉하지 않은 상태에서 많은 학부모와 상담을 해야 한다는 부담, 준비에 대한 부담을 느낀다.

학부모 상담 주간이 가지는 '첫 만남'의 취지는 중요하기 때문에 학부모 총회(교육과정 설명회)에서 그 취지를 살리고, 배정된 상담 주간에 몰아서 상담을 하기보다는 주별로 나누어 2개월 내에 모두 상담할 수 있도록 한다든지 하는 융통성이 필요하다.

제대로 된 상담에는 정말로 많은 노력과 힘이 들어가기 때문에 '해치운다'는 느낌이 들지 않도록 교사가 상담의 질을 높이기 위해 상담 주간을 적절히 조정하는 지혜가 필요하다.

지금 이 시기에 상담이 꼭 필요한 학생부터 우선순위를 정해 차근히 준비하여 학부모와 만나는 것이 좋다.

학부모들은 이 시기에 사무적으로 일괄 처리되는 상담이 가장 아쉽다고 입을 모아 말한다.

마지막으로 교사가 보호받을 수 있는 제도와 환경이 아직 부족하다는 점이다.

최근, 교사에게 가해지는 학부모의 폭력이 사회적 이슈로 떠오르면서 교사가 학부모 혹은 민원인으로부터 보호받을 수 있는 환경이 미비하다는 점이 드러났다. 대부분 교실이나 상담실에서 1:1로 상담이 이루어지고, 학부모의 시간에 맞추어 진행되는 상담의 경우 늦은 시간에 상담을 할 수도 있는 환경에 처한 교사가 상담 중에 일어날 돌발 상황을 온전히 혼자 감당해야 한다는 두려움을 가지는 것은 당연하다. 게다가 위에서 언급했듯, 상담의 주인공인 학생이 배제된 상황에서 학부모와의 상담이 서로에게 상처가 되는 감정적인 방향으로 흐르면 그 두려움은 더 커질 수 있다.

걸음마는 언젠가 달리기가 된다

교사라면 누구나 학부모 상담이 두렵고 자신 없던 시절의 경험이 있다고 말한다. 그리고 시간이 흐른다고 해서 자신감이 급상승하지는 않는다.

아기가 걸음마 전에 수없이 넘어지는 건 당연하다. 달리기를 자유롭게 할 수 있는 어른이라고 해서 넘어지지 않는 것도 아니다.

교육의 전문가인 교사가 상담을 언제나 완벽하게 할 수 없는 이유는 그 대상인 학생, 또 학생과 함께 협력해야 할 학부모 모두가 너무나 다른 개성을 지닌 사람들이기 때문이다. 또한 학생에 대한 학부모의 다양한 양육 방식과 교육관이 교사와 달라, 미묘하게 대립할 여지도 충분히 있다.

그러므로 모든 학생, 학부모 상담에는 언제든 걸림돌이 존재할 수 있음을 예상하는 게 좋다. 다만, 처음 걸음마 시기에는 그것을 힘겹게 넘어야겠지만, 점차 자신만의 노하우가 쌓여, 충분히 단련된 시기가 되면 가뿐히 뛰어넘을 수 있을 것이라는 희망을 가지자.

학부모 상담에서 예상되는 걸림돌을 뛰어넘을 수 있게 함께 고민하고 생각해 보며 다양한 사례 경험을 함께 나누었으면 한다.

Katz(1972)[*]의 교사 발달 이론에 의하면 교사는 초임부터 5년 내외에 자신감과 경험을 갖추게 될 때 전문적 소양을 갖추기 시작하고 성숙 단계에 접어든다고 주장하였다.

두려워할 필요 없다. 모든 걸음마는 언젠가 반드시 달리기가 된다. 이 시기를 맞이할 교사라면 뒤에 이어질 이야기로 마음의 준비를 하고, 이미 성숙 단계에 접어든 교사라면 자신의 상담 역량을 점검해 보는 시간이 되었으면 한다.

---

[*]   Katz, L.G. (1972). Debelopmental Stages of Preschool Teachers.

2. 모든 학부모와 상담을 꼭 해야 할까?

"다음 주부터 상담 주간입니다. 직장 다니시는 분들 고려해서 오후 7시 이후에도 상담 신청 받아 주시고, 초과 근무도 올려 주세요."

집에만 가면 곯아떨어지기 일쑤인 학기 초.

수업만 하기도 바쁘고 이제 막 학생들을 알아가는 중인데, 상담 주간이라고 학부모들을 만나야 한다니 부담스럽고 긴장된다.

교사라면 학생의 문제와 관련해서 학부모와 상담하는 게 지극히 정상이지만, 그것은 꼭 필요할 때 학부모가 신청하면 될 일 아닌가? 상담 신청서를 쥐어 주고는 마치 이때가 아니면 안 될 것처럼 억지로 상담을 신청하게 하다니. 작년, 한 학부모와의 어색했던 상담 장면이 떠오른다. 늦은 시간 찾아오신 학부모와 마주 앉아 서로 눈만 끔벅거리던 몇 초의 정적이 어찌나 몇 년처럼 길던지.

"상담 신청해 주셨는데……."

"네, 아이는 학교가 즐겁고, 선생님이 수업도 잘해 주신다고……."

"네, 고맙습니다. 아이의 학교생활에 뭐 걱정되시는 거라도……."

"걱정되는 건 없는데, 그냥 상담 주간이기도 하고, 학교생활 어떻게 하는지 궁금해서요."

"아, 잘하고 있죠."

"아……. 네……."

뭔가 생각나는 대로 이야기한 것 같긴 한데, 결론은 늘 이렇다. 이 학생은 문제가 없다. 굳이 상담이 필요할까 싶다. 어차피 교실에서 학생과 교사가 서로 잘 지내고 있으면 되는 것 아닌가? 교사가 수업만 잘하면 되지 않을까? 왜 이렇게 학부모와 만나는 시간을 의무적으로 가져야 할까?

그런데 마음 한편으로는 학생을 정말 잘 이해하려면 학부모와의 대화가 필요하다는 생각도 든다. 어떤 동교 교사는 상담 주간이 아니어도 매일 한 분의 학부모와 돌아가며 5분 정도의 짧은 상담을 한다고 했다.

네, 잘하고 있어요.
친구들과도
잘 어울리고 있습니다.

'매일 학생 한 명과 대화하는 것도 어려운데 학부모와 매일 통화를 한다고?' 그건 좀 아니지 않나 싶다가도 '그렇게 하면 학부모들이 참 고마워하고 교사를 믿어 주겠다.' 싶은 생각도 든다.

상담이 무조건 귀찮은 것은 아니다. 단, 별 문제 없는 평범한 학생의 학부모 상담이 꼭 필요한 것인지는 잘 모르겠다.

차라리 그 시간에 수업 연구를 더 하는 게 낫지 않을까?

이런 학부모 상담, 꼭 필요한 걸까?

열 번의 공개수업보다 나은 한 번의 학부모 상담

교사들이 학부모 상담과 관련해서 흔히 하는 우스갯소리가 있다.

"상담이 꼭 필요한 학생의 부모는 정작 상담에 참여하지 않고, 상담이 필요하지 않은 학생의 부모가 상담에 더 적극적으로 참여한다."

문제가 있는 학생일수록 학부모와 문제 해결을 위한 소통을 해야 하는데, 정작 상담을 신청하지 않고, 상담을 요청해도 거절하시니 답답하다. 문제없이 학교생활을 잘하고 있는 학생의 경우 학부모로부터 상담을 신청받아 이야기 나누다 보면 학생의 칭찬만 하게 되니 뭔가 애매하다는 것이다. 일부 공감하면서도 여기서 두 가지 중요한 문제의식을 가져 본다.

첫 번째, 교사 스스로가 먼저 학부모 상담이 필요한 학생과 필요하지 않은 학생을 구분하고 있는 것은 아닐까?

기본적으로 교사의 인식 속에서 상담이란 문제가 발생하고 그 문제를 해결하는 기회와 시간으로 생각한다. 즉, 문제가 없다면 상담도 필요 없다고 여기는 것이다. 교사가 학생들을 바라볼 때 어떠한 문제도 느끼지 못하는 경우, 학부모의 상담 요청을 의아해 하거나 당황해 한다. 물론 그럴 수밖에 없는 교사의 상황 탓도 있다. 교사는 수업 외에도 의무적으로 처리해야 할 행정 업무가 많다. 학생 생활지도에 이어 학부모 상담까지 자신의 의식과 일정 안에 모두 넣어 두기란 쉽지 않다.

그러나 분명한 것은 학부모 상담이 필요한 학생과 그렇지 않은 학생이 구분되어 있지는 않다는 것이다.

모든 학부모는 기본적으로 자녀의 학교생활에 대해 궁금해 한다. 정말 몰라서 알고 싶기도 하고, 어느 정도 알고 있다 해도 제대로 확인해 보고 싶은 마음이 있다. 그렇다면 학부모는 자녀의 학교생활에 대해 어떻게 알 수 있을까? 생각해 보면, 학부모가 자녀의 학교생활에 대한 객관적이고 공개된 정보를 얻을 수 있는 기회는 극히 드물다.

공개수업을 생각해 보자. 학부모가 공개수업에서 가장 눈여겨 보는 것은 무엇일까? 내 자녀가 선생님의 수업을 잘 따라가고 있는지, 어떤 모습으로 학급 안에 있는지일 것이다.

그러나 공개수업에서 얻는 정보는 학생의 외적인 모습에 그친다. 실제로 문제 상황이나 상호 작용에서 어떤 모습을 드러내고, 그것이 교육적인 관점에서 어떻게 해석될 수 있는지는 알기 어렵다. 학부모 상담은 학부모와 교사가 마주 앉아 이러한 부분을 진지하게 접근할 수 있는 시간이다.

학부모에게 상담에서의 중요한 화두는 '자녀의 겉으로 보이는 부분 말고 내적인 변화와 문제는 무엇인가? 그리고 교사는 그 문제에 대해 어떠한 태도, 철학과 문제 해결 능력을 가지고 있는가?'일 것이다. 열 번의 공개수업보다 제대로 된 한 번의 상담이 교사에 대한 긍정적인 생각과 신뢰를 강하게 심어 주는 시간이 될 수 있다는 것이다. 잘 활용하면 교육 활동의 든든한 아군을 만들 수도 있다. 학생에게 당면한 여러 가지 문제를 교사 혼자 해결하지 않아도 된다.

바로 학생을 위한 교육 공동체, 문제 해결을 위한 동맹 관계를 형성하는 것이다. 이러한 의미에서 학부모 상담의 시작은 학생의 '문제' 유무를 떠나 학부모와 교사가 학생에 대한 최소한의 정보를 공유하는 시간이면서, 교육 활동 지원의 초석을 다지는 일이라는 인식이 필요하다.

해결이 아닌 예방을 위해 필요하다

두 번째, 문제의 원인과 결과를 바꿔서 생각하고 있는 것은 아닐까?

'문제가 있는 학생의 학부모가 상담을 잘 신청하지 않는다.'가 아니라, '그동안 제대로 된 상담을 받지 못해 여전히 문제를 가지고 있는 학생이 있다.'로 생각해 보면 어떨까.

학급을 둘러보면, 학급 내 문제를 일으키지도 않고 크게 두각을 드러내지 않는 학생이 있다. '아이가 딱히 문제를 일으키는 것도 아닌데, 상담을 할 필요가 있나?'라고 생각하는 학부모들이 상담을 신청하지 않는 경우가 많다. 그렇다면 그 학생은 교사와 학부모의 소통이 없는 가운데 1년을 보낼 가능성이 커진다. 이런 상황이 반복되다가 학생이 성장하며 다양한 환경 변화로 인해 문제 상황에 부딪히게 된다면 어떤 일이 생길까?

교사와 학부모가 각각 느끼는 상담의 필요성에 대한 온도 차는 클 것이다. 교사는 "학생이 문제가 있는데, 학부모는 그 부분에 대해 심각하게 생각하지 않는다."고 말할 것이고, 학부모는 "그동안 한 번도 문제가 없었고, 상담한 적도 없었는데 유달리 이번 담임만 문제를 삼는다."

고 생각할 것이다. 여전히 학생에 대한 문제는 해결되지 않은 상황에서, 아직 만나지 않은 두 동맹 주체의 자존심과 알력 싸움으로 번지는 일이 생길 수도 있다. 따라서 학부모 상담은 해결에 앞서 예방 차원의 교육 활동으로 생각하는 것이 좋다. 앞서 학부모 상담이 '학생의 문제' 유무로 시작되어서는 안 된다고 밝혔듯, 현재 문제가 없는 학생의 학부모 상담 기회가 없다면 오히려 적극적으로 상담을 하려고 해야 한다.

그런데 이런 의문이 생길 수 있다.

그런데 정말 문제가 없는 평범한 학생은 학부모 상담에서 딱히 할 말이 없다. 그리고 괜히 학부모의 걱정과 불안을 키우는 것은 아닐까?

이에 대한 답은 뒤에 이어질 '상담을 준비하는 방법'에서 어느 정도 얻을 수 있을 것이다. 아직 우리가 파악하지 못한 것일 뿐, 모든 학생에게는 저마다의 고민과 어려움이 있다고 생각해야 한다. 학부모는 이러한 교사의 태도를 학생에 대한 관심과 배려로 생각하고 교사의 교육 활동을 지지해 줄 것이다. 물론, 이때 학생에 대한 문제에 접근하고 고민하는 교사의 태도가 무척 중요하다. 이 접근 방식도 뒤에서 다루도록 하겠다.

또 다른 의문이 생길 수 있다.

"최선을 다했는데도, 소통하지 않으려는 학부모가 있다. 그럴 때는 어떻게 하나?"

극단적인 상황이 될 수 있다. 어떠한 방법을 써도 상담에 응하지 않는 학부모, 학생의 문제를 온전히 학교에 맡겨 버리는 경우에는 교사와의 상담에서 해결할 수 있는 범위를 벗어난다. 이러한 상황이라면, 교사는 학급에서 자신의 정당한 권한 안에서 학생과 문제를 해결하려고 노력하면 된다. 이러한 경우 교사가 사안에 따라 학교 관리자, 외부 기관에 도움을 요청하거나 법의 도움을 받아 문제를 해결할 수 있다. 해볼 수 있는 만큼 해 보는 것이 중요하다. 적어도 '문제가 있는 학생의 학부모가 상담을 신청하지 않는다.'라는 단편적인 사실 하나만으로 학부모 상담의 필요성을 부정적으로 재단해서는 안 될 것이다.

교사는 학부모 상담 최고의 수혜자

학부모 상담이 교사에게도 도움이 된다는 것은 이해되지만, 교사가 최고의 수혜자라는 말에는 언뜻 동의가 안 될 수도 있다. 학부모 상담이 제대로 되었을 때 교사는 무엇을 얻게 될까?

첫 번째, 학생 이해이다. 가끔 학생의 행동과 감정이 이해가 되지 않을 때가 있다. 그러다 학부모 상담을 통해 예전 학급에서 학생의 생활 모습, 성장 배경, 기질적 특성, 행동 양식, 가정환경 등을 알게 되면서 자연스럽게 학생을 이해하게 된다.

교사가 한 학생을 이해하는 데 필요한 정보를 '교실 안'에서만 얻는다면 그 정보의 가치는 반으로 줄어들며 신뢰도와 타당도가 떨어질 수밖에 없다. 이것은 학부모 입장에서도 마찬가지이다. 학부모들은 교사가 자녀에 대해 잘 모른다고 느낄 때, 그리고 이해하려고 노력하지 않을 때 가장 크게 실망한다고 한다. 학부모와 교사가 학생에 대해 서로 다른 정보를 가지고 있거나, 정보 격차가 커지면 오해가 쌓이고 불신감이 생길 수밖에 없다.

"우리 아이가 집에서는 안 그러는데…….."
"작년에는 그런 이야기가 없었는데…….."

학부모로부터 이런 말들을 들어 본 교사라면, 학생에 대해 알고 있는 정보에 대해 학부모와 자세히 이야기해 봐야 한다. 처음에는 이러한 정보의 격차가 낯설게 느껴지겠지만, 상담을 통한 정보 공유로 교사와 학부모 모두 학생에 대한 이해도를 높이면, 서로에 대한 신뢰도가 높아지고 상담의 목표를 달성하는 데 도움이 된다.

두 번째, 문제 해결 방법의 다각화이다. 앞서 학생에 대한 정보 공백과 격차로 인해 생기는 오해와 더불어 교사가 학생의 문제를 오롯이 혼자 떠안게 된다는 문제점이 있다고 언급했다. 아주 사소한 문제들이라면 교사가 교실에서 훈육과 학생 상담으로 해결할 수도 있다. 그러나 가장 걱정스러운 문제는, 이러한 사소한 문제가 반복되거나, 교사가 감당하기 어려운 문제로 번져 커질 때에도 이 사안을 혼자서 안고 가려는 교사들이 있다는 점이다. 이것은 문제 해결을 위한 다양한 방법의 접근을 스스로 차단해 버리는 일이다.

학부모 상담을 통해 학생에 대한 이해의 폭이 넓어지면, 그만큼 문제를 해결할 수 있는 방법과 그 방법을 실행할 주체가 다양해질 수 있다. 교사가 할 수 있는 일, 학부모와 학교 관리자가 할 수 일들이 명확히 드러난다. 그동안 혼자 끙끙 앓으며 고민했던 문제의 무게가 나누어지고 구체적으로 실천 가능한 일들이 보이면서 교사는 힘의 소진을 막고, 다시 생활지도에 힘쓸 수 있다.

세 번째, 서로의 권리를 존중하는 행위가 된다는 점이다. 미디어에 가끔씩 등장하는, 학교를 괴롭히는 학부모들의 기사를 접할 때마다 교권 존중에 대해 생각해 보게 된다. 그러나 우선, 학교라는 큰 삶의 터전에서 학부모와 학생, 그리고 교사가 모두 정당하게 자신의 권리를 존중받고 있는지 생각해 보아야 한다. 다른 이의 권리를 존중하면서 나의 권리를 주장하는 게 타당하기 때문이다.

학부모 상담은 학부모의 정당한 권리이다. 학부모들에게 상담이 불편하거나 속상했던 경험을 들어 보면 '협소하게 정해진 시간에만 상담할 수 있도록 통보'한 상담 신청서라든가, 교사가 상담 자체를 사무적인 태도로 일관하는 경우, 무성의하게 준비된 상담 등에 대한 이야기를 많이 한다.

교육기본법 제13조 2항은 '부모 등 보호자는 보호하는 자녀 또는 아동의 교육에 관하여 학교에 의견을 제시할 수 있으며, 학교는 그 의견을 존중하여야 한다.'고 명시하고 있다. 학부모 입장에서는 자녀에 대한 의견을 제시할 수 있는 최소한의 장치가 학부모 상담이기 때문에 교사는 이 부분을 중요하게 생각해야 한다. 이것이 학부모의 권리를 존중하는 최소한의 행위이며, 이를 통해 교사도 자신의 권리를 정당하게 주장할 수 있는 것이다. (제 14조 1항, '학교교육에서 교원의 전문성은 존중되며, 교원의 경제적·사회적 지위는 우대되고 그 신분은 보장된다.')

마지막으로, 심리적 안정이다. 학부모 상담은 문제 해결의 만능키가 아니다. 실제로 교사가 고민하고 끙끙 앓는 학급 내 문제들이 학부모 상담을 통해 쉽게 해결되는 경우는 드물 수 있다. 그럼에도 불구하고, 학부모 상담을 통해 학부모와 소통하려고 노력하고, 정보의 격차를 줄이면서 학교, 교육청 시스템을 통한 지원, 법률적인 지원 등을 요구하며 문제 해결을 위해 최대한의 노력을 하는 과정을 통해 교사는 심리적인 안정을 얻을 수 있다. 교육은 사람을 다루는 일이기에 어떠한 방법과 제도도 완벽하게 모든 것을 해결해 줄 수는 없다. 최선을 다하는 과정에서 학생과 학부모에게 신뢰를 얻고 안정을 찾는 것이 중요하다.

교사에게는 아직 보살펴야 할 수많은 학생들과 걸어갈 시간이 더 많이 남아 있기 때문이다.

3. 도대체 학부모 상담이 뭐길래?

나만 그런 게 아니라, 다른 교사들도 학부모 상담을 두려워하는 것도 알겠고, 학부모 상담이 왜 필요한지 머리로는 잘 알겠다.

하지만 여전히 학부모 상담에 대한 고민은 많고, 학부모 상담에 대한 주변 동료들의 생각도 제각각이다.

"선생님, 학부모 상담을 어떻게 하고 계세요?"

동학년 회의 시간에 물어보니 이런저런 대답들이 돌아온다.

"학부모랑 학생에 대한 이야기를 나누면 되는 것 아닌가요? 심리 상담 시간은 아니잖아요?"

"가볍게 학부모랑 대화하면 되지 않을까요?

"아, 학부모 상담 좀 안 했으면 좋겠어요. 애들 가르치기도 힘든데……."

선생님들마다 학부모 상담을 어떻게 바라보는지 조금씩 다른 이야기들을 하고 있지만, 한 가지 분명한 것은 대부분의 선생님들이 나와 비슷하다는 것이다.

이쯤 되면 다시 생각해 본다. 학부모 상담이란 정확히 무엇일까?

이런 고민을 가지고 길을 걷다 보면 '상담'이란 단어가 유난히 눈에 많이 들어온다.

부동산 투자 상담, 대출 상담, 입시 상담, 유학 상담, 타로 상담, 심리 상담. 도대체 상담은 무엇이고, 학부모 상담은 이런 상담들과 어떻게 다른 걸까?

학부모 상담이 뭔지 정확하게 안다면 그에 따른 준비도 순조롭겠지?

쉽게 정의할 수 없는 '학부모 상담'

어떻게 보면 쉬운 것 같기도, 한없이 어렵게 느껴지기도 하는 학부모 상담. 학부모 상담의 본질이 무엇인지 쉽게 정의 내릴 수 없는 이유는 무엇일까?

첫째, 대화의 목적에 다양한 만남을 내재하고 있기 때문이다.
모든 만남에는 그 목적에 따라 대화의 양상과 방법이 달라진다. 정보를 공유하는 대화, 상대를 설득하는 대화, 사랑하는 마음을 나누는 대화 등. 이 모든 대화들이 같은 방식으로 전개되지는 않을 것이다. 이것이 바로 학부모 상담을 한마디로 정의하기 어려운 이유이다.
학부모 상담은 상황에 따라 그 목적이 달라진다. 학기 초에는 담임교사와 학부모가 대면하여 학생에 대한 정보를 나누고, 특정 문제가 발생한 상황에서는 함께 문제를 해결해야 하며, 서로의 교육 목적, 방법, 철학을 공유하여 학생의 성장을 함께 고민하기도 한다. 이 과정에서 학부모와 교사는 서로의 생각을 나누기도 하고, 어떤 지점에서는 상대방을 설득해야 할 때도 있다.
다양한 목적과 양상을 가진 대화들이 학부모 상담 속에서 오가기 때문에 학부모 상담은 막연히 복잡하고 어렵게 여겨진다.

둘째, '상담'이라는 말에서 오는 부담감이 크기 때문이다.
일단 '상담'이라는 말 자체가 주는 무게감이 우리를 긴장하게 만든다. 특히나 경험이 부족한 교사라면 전문가 상담자가 내담자에게 정확한 진단을 내리며 따뜻한 미소와 언어로 내담자를 변화시키고 문제를 해결하는 치료의 과정을 떠올릴지도 모른다. 흔히 '상담'이라고 말하면 심리 치료를 먼저 떠올리는 사람이 많을 것이다. 심리 치료란 전문 훈련을 받은 상담사가 내담자와 함께 상담을 통하여 내면을 치유하고 회복하는 고도의 작업이다. 따라서 전문 훈련을 받은 상담자가 아닌 교사는 '상담'이란 낱말만으로도 어려운 작업이라는 선입견을 가질 수 있다.

학부모 상담의 내용이 심리 상담은 아니라는 것을 알고는 있지만, '상담'이라는 용어에서 오는 부담감 때문에 '학부모 상담'의 정의를 쉽게 내릴 수 없다.

학부모 상담의 다양한 영역

학부모 상담은 그 목적에 따라 다루는 영역과 방법이 달라진다.

첫째, 컨설팅consulting이 필요한 경우가 있다.

예를 들어 학습에 대해 어려움을 겪고 있는 아이의 학부모가 학부모 상담을 통해 그 해결 방안을 찾고자 정보와 전략을 필요로 하는 경우, 학생의 학습을 돕기 위한 전략을 함께 수립하는 것은 '컨설팅consulting'에 해당된다. 컨설팅이란 용어 역시 다양하게 활용되어 한마디로 정의 내리긴 어렵지만, 사전적으로는 '조언을 주는 것'을 뜻하며 실제로는 문제를 분석하여 그 해결책을 제시하고 해결할 수 있도록 직접적인 도움을 주는 것을 뜻한다. 우리가 흔히 접하는 학부모 상담은 컨설팅으로 볼 수도 있는데, 일반적으로 컨설팅 영역의 학부모 상담 내용은 학습 문제, 교우 관계, 양육 방법, 진로 진학 등이 해당된다.

둘째, 코칭coaching이 필요한 경우가 있다.

만약 학부모가 자녀의 교육에 대해서 방향을 잃었다면, 학부모가 스스로 목표를 설정할 수 있도록 도와주는 경우가 '코칭'이라고 할 수 있다. 양육 방법이나 가정에서의 교육에 대해 상담하는 경우에 해당한다. 코칭은 바로 뒤에 설명할 상담과 유사하지만 그 목적은 조금 다르다. 상담이 심리적 상처나 소진을 다루고 내면의 회복을 통해 긍정적인 잠재력을 발휘할 수 있도록 한다면, 코칭은 내재되어 있는 장점을 찾고 발휘하는 것에 초점을 둔다.

셋째, 상담counseling을 해야 할 때가 있다.

전통적으로 '심리 상담', '심리 치료'를 뜻해 온 '상담'은 상담 공부를 체계적으로 깊이 있게 배우고 훈련한 전문 상담가의 영역이다. 따라서 학생 교육이 주된 업무인 교사가 수행하기에는 분명 어려운 영역이다. 하지만 때로는 학부모 상담의 목적이나 내용에 따라 의도하지 않았던 심리 상담의 결과를 마주하게 될 수도 있다. 전문적인 심리 상담 훈련을 받지 않은 교사라 해도, 학부모의 마음을 깊이 공감하고 어려운 상황에서 노력하고 있는 학부모에게 격려와 지지가 되어 주었다면 심리 치료적인 상담을 했다고 볼 수 있는 것이다.

이렇듯 학부모 상담의 목적과 대화 주제에 따라 상담의 영역이 달라지기 때문에, 학부모 상담이란 무엇인지를 선명하게 또는 단순하게 정의하기는 어렵다. 그러나 학부모에 따라 상담의 이유, 목적, 목표가 달

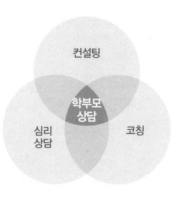

라지는 것을 알고, 어떤 영역의 상담을 해야 할지 생각해 보면 학부모 상담을 보다 효과적으로 진행할 수 있다.

주인공이 빠진 학부모 상담

앞서 살펴본 학부모 상담의 넓고 다양한 영역이 학부모 상담을 어렵게 느껴지도록 하는 원인이 되기도 한다.

컨설팅에 익숙한 교사에게 심리 상담적 접근이 필요한 학부모가 상담을 요청한 경우를 떠올려 보자. 교사의 격려와 지지, 공감을 원하는 학부모에게 컨설팅 방식의 충고, 조언, 솔루션은 어쩌면 평가, 비난, 진부함으로 느껴질지도 모른다. 그렇다면 컨설팅, 코칭, 상담의 영역을 시시각각 넘나드는 학부모 상담을 어떻게 정의할 수 있을까? 이쯤 되면, 다시 머리가 복잡할 수도 있다. 일단 이것부터 생각해 보자.

전문 심리 상담이냐, 컨설팅이냐, 코칭이냐의 주제는 잠시 제쳐 두고 학부모 상담의 주체가 누구인지 생각해 봐야 한다.

학부모 상담의 주인공은 누구일까?

분명한 건 학부모 상담의 주인공은 교사가 아니라는 것이다. 학부모 상담이 어떤 성격으로 진행된다 하여도 학부모 상담의 주인공은 '학생'이다. 그런데 다른 상담들과는 달리 상담의 주인공이 빠진 상태에서 진행된다는 것이 확연히 다르다. 주인공은 없는데, 주인공을 조력하고 교육하며 성장하도록 촉진하는 두 사람이 만나서 이야기하는 자리가 바로 학부모 상담이다.

학부모와 교사의 공통점은 무엇인가? 학생, 즉 아이의 성장을 위해 각자의 영역(가정, 학교)에서 교육을 책임지는 '보호자'라는 점이다. 한 사람은 주인공의 보호자로써 아이의 가정과 하교 이후의 생활을 돕는다. 또 한 사람은 주인공의 학교 보호자로서 학생의 학교교육과 생활을 책임진다.

학부모 상담은 이 공통점에서 시작되어야 함에도 불구하고, 학부모는 자신의 삶과 생활 속에, 교사는 학교의 많은 업무와 사건들 속에 파묻혀 있다 보면 이 공통점을 간혹 잊고 지낸다. 그래서 때로는 학부모가 교사에게 "학교에서 좀 더 잘 가르쳐 주세요."라고 자신의 책임을 넘길 때가 있고, 교사도 학부모에게 "가정교육을 좀 더 잘 해 주세요."라고 요구할 때가 있다. 학부모 상담을 생각하면 답답하거나 막막하고 피하고 싶은 이유가 바로 이 지점이다. 우리는 이 지점부터 정확히 고민하고 생각해 봐야 한다.

학부모와 교사는 학생을 주제로 '함께 협력하는 관계'이다. 학부모 상담은 이 '협력 관계'를 명확히 인지한 상태에서 시작되어야 한다.

라포Rapport를 넘어선 작업동맹Working alliance

우리가 흔히 '공감대', '신뢰감'이라고도 말하는 '라포Rapport'라는 용어는 상담을 전공하지 않은 사람도 일상적으로 쓰는 말이다. 라포는 상대와 나의 신뢰감, 심리적 분위기, 친밀도를 뜻한다. 또한 관계의 상태를 보여 주는 것이다.

교실에서 수업을 할 때, 생활지도나 학생 상담을 할 때에도 우리는 학생과의 라포 형성을 우선시해야 한다. 라포는 모든 인간관계나 대화에 기본적으로 적용되는 개념이다. 특히나 교사에게는 학부모 상담에서의 라포 형성이 매우 중요하다. 긍정적 라포 형성은 학부모와 교사가 신뢰감과 유대감을 형성하게 하고 이는 곧 학급 교육 활동에도 긍정적인 작용을 한다. 이런 면에서 볼 때 학년 초 학부모 상담은 '학부모와의 라포를 형성하기 위한 상담'이다. 그럼 학부모와 라포만 형성하면 될까? 그렇지 않다. 라포는 문제 상황이 발생하거나 학부모와 교사 간의 신뢰에 균열이 가는 작은 일들(오해, 잘못된 정보에 의한 소문)이 발생하면 쉽게 깨질 수 있다.

학부모 상담을 할 때 반드시 고려해야 하는 것은 '작업동맹Working Alliance' 형성이다.

상담 심리학에서 정의하고 있는 작업동맹이란, '상담을 하는 두 사람이 서로 협력하여 공유된 목표를 향해 문제를 해결해 가는 의식적이고 현실적인 관계'를 뜻한다(Bordin, 1979)*. 작업동맹은 정서적 유대

---

* Bordin, E. S. (1979). The generalizability of the psychoanalytic concept of the working alliance. Psychotherapy: Theory, research & practice, 16(3), 252.

emotional bond, 상담 목표에 대한 합의goal agreement, 상담 시간에 다룰 과제에 대한 동의task agreement 등을 바탕으로 형성된다고 본다. 이를 학부모 상담에 그대로 적용한다면, 학부모 상담 시 작업동맹 형성을 위한 정서적 유대에는 '교사의 진정성, 융통성, 상대를 존중하는 태도와 관심, 신뢰감, 유연한 사고' 등이 긍정적인 영향을 준다고 할 수 있다.

작업동맹은 라포보다 훨씬 목표 지향적이다. 따라서 학부모 상담은 라포 형성을 넘어 작업동맹을 어떻게 구축하느냐에 따라 그 결과가 달라진다. 이는 학부모 상담이 컨설팅인지, 코칭인지, 상담 영역인지를 구별하는 것에서 한걸음 더 나아가 고민해야 할 점이다. 따라서 학부모 상담을 이렇게 정의할 수 있다.

학부모 상담은 라포와 작업동맹을 통하여 학부모와 협력적 관계를 구축하고 교육의 효과가 높아질 수 있도록 하는 상담 활동이다.

[라포와 작업동맹]

라포(Rapport)	작업동맹(Working Alliance)
• 상대와 나 사이의 신뢰감, 심리적 분위기	• 상호간의 존재를 인정하며 협력하는 관계
• 정서적인 친화 상태	• 상담의 효율성을 가늠할 수 있는 관계의 질
• 친밀도를 상징	• 학부모와 교사가 가지는 공동의 목표 인식
• 라포는 작업동맹 형성을 도와줌.	• 라포는 상태에 대한 개념, 작업동맹은 강력한 협력적 관계를 뜻함.
• 상호간의 인지적, 정서적인 평가를 뜻함.	

학부모와의 작업동맹 체크리스트

그렇다면 '작업동맹'은 학부모 상담 장면에서 어떻게 드러날까?

Bordin의 이론을 바탕으로 Horvath와 Greenberg(1989)가 개발한 작업동맹 수준 척도의 일부를 학부모 상담에 맞게 변환하여 소개하면 다음과 같다. 이 내용을 살펴보면 학부모 상담 시 작업동맹이 잘 구축되고 있는지 점검할 수 있을 것이다.

체크	내 용
	나는 학부모와 함께 있는 것이 불편하지 않다.
	학부모 상담에서 내가 해야 할 일들에 대해 학부모와 나의 의견이 같다.
	학부모 상담을 통해 이야기 나누는 것은 어떤 의미에서든 유익하다고 확신한다.
	나는 학부모의 입장을 진심으로 이해한다.
	나는 학생에 대해 학부모와 공통된 상담 목표를 가지고 있다.
	학부모 상담 시간에 우리가 하는 것이 무엇인지 학부모는 잘 아는 듯하다.
	나는 학부모가 나를 담임교사로 신뢰한다고 믿는다.
	나는 학부모를 신뢰하고 믿는다.
	학부모 상담을 통해 함께 보내는 시간이 바쁘지만 의미 있다고 생각한다.
	나는 학부모 상담을 통해 우리(교사, 학부모)가 얻으려는 바가 무엇인지 뚜렷하게 알고 있다.
	나는 진심으로 학생의 학교생활과 행복에 관심을 갖고 있다.
	학부모와 나는 상호간에 존중하고 있다.
	나는 내가 학부모와 학생을 도울 수 있는 능력이 있다고 확신한다.
	학부모와 나는 학생을 위해 해야 할 중요한 것이 무엇인지에 대해 의견이 같다.

10개~14개 : 작업동맹을 매우 강하게 맺고 있다.

5개~9개 : 작업동맹을 강하게 맺고 있다.

2개~4개 : 작업동맹이 느슨한 상태이다.

0개~1개 : 작업동맹을 맺기 위한 적극적 노력이 필요하다.

위의 체크리스트를 살펴보면 결국 학부모 상담에서 교사가 학부모를 대하는, 혹은 학부모가 교사를 대하는 '태도와 자세'가 중요하다는 것을 알 수 있다. 만약 학부모가 작업동맹 맺기를 회피한다면 학부모의 상황을 살펴보고 이해하는 수용적 접근이 필요하다. 학생의 성장과 발전을 위해 공동의 목표를 설정하도록 설득해야 한다. 또한 학부모와의 작업동맹 강도가 부족하다고 느껴지면 학부모 상담을 보다 세밀하게 준비한다.

4. 어렵게 느껴지는 학부모 상담의 숨은 진실

진실 1) 자동적 사고 속에 숨어 있는 비합리적 신념을 잡아라

학부모 상담을 떠올리면서 '어떤 만남이 펼쳐질까?' 하는 기대, 설렘을 가지는 교사는 많지 않을 것이다. 많은 교사들은 학교 업무, 학급 업무, 행정 업무, 생활지도, 각종 요구 자료 등으로 바쁜 일상을 보내고 있어서 학부모 상담을 준비할 여유가 없는 것도 사실이다. 그러나 가장 큰 이유는 '학부모 상담' 하면 스치듯 떠오르는 '자동적 사고'가 학부모 상담을 어렵게 느껴지도록 하는 것이다.

자동적 사고란 어떤 상황을 마주할 때 순간 떠오르는 생각을 말한다. 이 생각들은 특정한 감정들을 소환한다. 학부모 상담 주간이 다가오면 막연한 긴장감, '혹시 상처받거나 부담스러운 상황이 생기지 않을까?' 하는 불편한 생각들이 먼저 떠오르며 이는 학부모 상담에 대한 부정적인 감정들을 동반한다.

학부모 상담 가정 통신문을 보는 순간, 머릿속에서는 '학부모가 날 평가할지도 몰라', '내가 나이도 어리고 경륜도 없다고 무시하는 거 아닐까?' 하는 자동적 사고를 하게 되고, 그 결과 '불안감'이라는 감정이 자리 잡는 것이다.

자동적 사고에 따르는 감정이 더 커지면서, 자동적 사고는 휘발되고 그에 따른 불편한 감정만 남는다. 만약 이러한 자동적 사고를 스스로가 포착하여 비합리적인 신념을 바로 잡을 수 있다면, '학부모 상담'에 대한 막연한 두려움, 긴장감을 덜 수 있을 것이다.

앞에서 예를 든 학부모 상담에 대한 자동적 사고 내용을 살펴보자.

학부모가 교사의 능력과 전문성을 평가하거나, 나이와 같은 외부적인 이유로 교사를 무시할 수 있다는 생각은 모두 일종의 가설이다. 지금까지의 학교생활이나 자신의 삶의 경험에서 나오는 직관적인 생각인 것이다. 이 가설은 '합리적'인 것이 아니라, '비합리적인 신념'에 따른 가설이라는 이야기이다. 또한 가설은 그저 가설로 존재해야 하는데, 가설을 사실로 인식해 버리는 오류를 범하고 있는 것은 아닐까?

학부모 상담에 오는 모든 학부모가 그런 생각을 하지 않는다는 것은 경우의 수만 생각해 봐도 금방 알 수 있다. 교사를 평가하거나 무시하려는 의도가 전혀 없는 학부모의 입장에서 보면, 교사의 이런 가설은 당황스러울 것이다.

학부모 상담에 관한 비합리적 신념은 쉽게 '자기 합리화'로 이어지기도 한다. 자기 합리화는 다시 비합리적 신념을 공고히 한다. 또한 비합리적 신념은 내가 마주한 상황을 회피하기 위한 수단으로 활용될 가능성이 커서, 학부모 상담의 본질과 목적을 희미하게 만듦으로써 학부모 상담을 더 어렵게 만든다.

습관적으로 하는 자동적 사고와 비합리적 신념을 찾아 바꾸어 주자!

'자동적 사고', '비합리적 신념'은 인지 치료에서 처음 등장한 용어로, 원래 우울증 치료와 같은 심리 상담에서 사용하는 말이다. 자동적 사고를 포착하고 그 속에 있는 비합리적 신념을 합리적 사고로 바꾸어 주는 것은, 비교적 최근에 많이 거론된 긍정 심리학에서 마틴 셀리그만이 '학습된 낙관주의'를 주장하며, 행복을 느끼기 위한 인지 훈련 전략의 일부로 활용하기도 했다.

이는 학부모 상담에도 그대로 적용해 볼 수 있다. 교사가 학부모 상담에 대해 가지고 있는 자동적 사고 안에 있는 비합리적 신념을 발견한 다음, 이를 자신에게 도움이 될 수 있는 방법으로 활용한다면 학부모 상담을 보다 적극적으로 할 수 있는 태도와 용기가 생겨날 것이다.

비합리적 신념은 흔히 '반드시', '분명히', '결국'과 같은 말로 표현되는 경우가 많다. 교사가 가질 수 있는 비합리적 신념이 어떻게 반박될 가능성이 있는지를 살펴보면서 합리적인 생각으로 변화시켜 보자.

교사의 흔한 비합리적 신념 List

☐ 나는 모든 학부모에게 좋은 교사라고 인정받아야 한다고 생각한다.

⋯▸ 좋은 교사라고 인정받고자 노력하는 과정 중에 인정받게 된다.

☐ 나는 유능하고 합리적이며 전문가다운 교사라고 학부모에게 완벽히 인식되어야 한다.

⋯▸ 교사 역할에 충실하고 결과보다는 그 과정 자체를 배우고 즐기려는 태도로 노력하다 보면 전문가로 성장하게 된다.

☐ 어떤 문제나 책임은 피하는 것이 더 쉽다.

⋯▸ 피하는 것은 임시방편이고 오히려 문제의 원인을 다각도로 분석하는 것이 필요하다.

☐ 과거에 상처받은 경험은 현재 나의 행동을 결정하며, 사라지지 않는다.

⋯▸ 과거의 경험 속에서 배운 내용은 영원한 진리가 아닐 수도 있다.

☐ 학부모는 교사에게 끊임없이 요구하는 존재이다.

⋯▸ 실제로 끊임없이 요구하는 학부모는 지극히 일부이다.

☐ 학부모를 만나는 일은 어찌되었든 불편하다.

⋯▸ 학부모는 필요에 따라 담임교사 자신을 위해서라도 만나야 할 때가 있다.

☐ 학부모는 항상 자신의 아이만 생각한다.

⋯▸ 자신의 아이만 생각하는 학부모가 잘못된 것이 아니라 잘못된 방법으로 양육하는 순간에 문제가 발생할 뿐이다. 부모라면 누구나 자신의 아이부터 생각한다.

☐ 학부모에게 친절하게 대하면 나중에 무리한 요구를 할 것이다.

⋯▸ 친절하게 대하지 않는다고 해서 무리한 요구를 안 하는 것은 아니다. 이는 별개의 문제이다. 오히려 무리한 요구를 정중히 거절할 때에는 그동안의 친절함이 도움이 될 수 있다.

☐ 학부모에게 너무 잘해 주면 결국 상처를 받게 된다.

–▸ 너무 잘해 준다는 기준이 모호하고 이 문장이 참이라면 잘해 준다는 것이 어떤 대가를 기대하고 있었다는 뜻이 될 수도 있다.

☐ 학부모는 나의 작은 실수라도 비난할 것이다.

⋯▸ 모든 학부모가 그런 것은 아니다. 지금 앞에 있는 학부모는 오히려 교사를 이해하고 위로해 줄 수도 있다.

☐ 나의 치부가 드러나면 학부모는 나를 서슴없이 비판할 것이다.

⋯▸ 치부란 내가 숨기고 싶은 부분일 뿐, 학부모는 크게 관심이 없을 수도 있다. 실제로 비난할지 안 할지는 모르는 일이다.

☐ 학부모와 교사의 라포(Rapport) 유무는 교사에 대한 신뢰감을 뜻하므로, 교사를 평가하는 수준을 뜻한다.

⋯▸ 라포는 상황에 따라 깨질 수도 있고, 다시 형성될 수도 있다. 상황에 따라 유동적인 개념이기 때문에 이 자체로 교사를 평가할 수는 없다.

진실 2) 회피 동기를 접근 동기로 바꾸자

인간의 행동 방향을 설명할 때 자주 등장하는 단어가 '동기Motiva-tion'이다. 이 동기는 크게 두 가지로 설명할 수 있는데, 바로 '접근 동기 Approach Motivation'와 '회피 동기Avoid Motivation'이다.

접근 동기는 즐거움과 유쾌함과 같은 '쾌快'를 추구하여 얻으려는 것으로, 뭔가를 하도록 동기를 부여한다. 힘들고 귀찮지만 무엇인가를 열심히 노력하여 즐거운 일을 이루게 되는 일 등을 예로 들 수 있다. 한편 회피 동기는 '고통스러운 상황이나 불편한 상황을 피함'으로써 무엇인가를 잃지 않도록 하는 동기이다. 분명하지 않은 일들, 위험, 두려움, 걱정 등이 떠오르면 이를 피하도록 동기 부여가 되는 것이다.

그럼, 상담 장면을 떠올려 보자.

"학부모 상담을 왜 신청하셨나요?"

"아이의 학교생활을 알고 가정에서 해야 할 준비들을 하려고요."

교사의 질문에 위와 같이 뚜렷한 목표를 말하는 학부모는 '접근 동기를 가진 학부모'이다. 반면, '회피 동기를 가진 학부모'라면 이렇게 대답할 것이다.

"학교에서 신청하라고 가정 통신문을 보내셨길래 신청했어요."

같은 행동을 하더라도 그 목적이 뚜렷하게 다르기 때문에, 어떤 동기를 갖고 상담에 참여하는가에 따라 대화 양상은 크게 달라진다. 사실이 두 가지 서로 다른 방향의 동기는 무엇이 좋고 나쁘다고 말할 수 없다. 단지 한 개인이 특정 상황에 놓였을 때 어떻게 반응하는가를 알 수 있는 정보를 제공할 뿐이다.

이번에는 교사가 '학부모 상담'을 할 경우, 어떤 동기가 작동하는지 점검해 보자.

교사가 무엇인가를 얻고자 하는 접근 동기로 학부모 상담에 접근할 것인가, 아니면 무엇을 잃게 되는 것을 피하고 싶은 회피 동기로 접근할 것인가? 만약 얻고 싶다면 무엇을 얻고 싶고, 잃기 싫다면 무엇을 잃기 싫은가?

이 지점에서 자신의 마음을 정확하게 들여다볼 필요가 있다.

어떤 경우에 접근 동기가 생길 수 있을까? 다시 말해, 교사가 학부모 상담을 통해 기대하고 얻을 수 있는 것은 무엇일까?

'학부모와의 협력적 관계 구축', '교육 활동에 대한 신뢰감', '유대감, 작업동맹 구축을 통한 학생 교육의 동반자 관계 형성', '학급 운영의 지지자', '담임교사로서의 자신감, 확신' 등일 것이다.

반대로 잃기 싫은 것은 무엇일까?

'교사의 권위', '교사의 자신감', '교사로서의 효능감' 등일 것이다. 사실, 학부모 상담 자체를 어려워하거나 피하고 싶다기보다는 '교사로서의 정체성이 흔들리는 상황'을 피하고 싶은 것이다.

어떤 동기로 일을 수행하느냐에 따라 그 결과는 현저하게 달라진다.

교사가 접근 동기로 학부모 상담을 준비하고 수행할 때와, 회피 동기로 학부모 상담을 진행할 때 어떤 결과가 나올지 생각해 보자. 접근 동기로 무엇인가 얻겠다고 준비할 때 학부모 상담 본연의 목적에 더 부합하는 결과를 얻을 가능성이 높아지리라는 것을 쉽게 예상할 수 있다. 어차피 해야 할 학부모 상담이라면 '회피 동기가 아닌 접근 동기'로 접근할 때 교사로서의 효능감, 경험을 통한 자심감이 훨씬 높아질 것이다.

학부모 상담이 어떠하다는 것을 접어 두고 잠시 생각해 보자.

'나는 학부모 상담에 접근 동기를 가지고 있는가, 회피 동기를 가지고 있는가?' 스스로에게 물어보자. 만약 회피 동기를 가지고 있다면 학부모 상담 기간 내내 시간도 지루하고 힘만 들 것이다. 또한 그 회피 동기가 학부모에게는 '보이지 않는 벽'으로 느껴질 것이고, 이는 교사의 학급 운영에도 걸림돌이 될 것이다.

학부모 상담의 접근 동기는 '의미 있는' 학부모 상담을 이끄는 마중물이다.

진실 3) 교사로서의 인정 욕구를 바라보자

"선생님반 아이들 수업 태도가 너무 안 좋아서 수업을 진행할 수가 없어요."

담임교사라면 한 번쯤은 교과 전담 교사로부터 우리 반 수업 태도가 좋지 않다는 이야기를 들어 본 경험이 있을 것이다.

물론 이렇게 직접적으로 이야기하는 선생님은 드물지 몰라도, 비슷한 결의 하소연을 듣고 있자면 화도 나고 창피해진다. 해당 교과 전담 교사가 나와 교류도 적고 잘 모르는 분이라면 더더욱 그 감정의 진폭은 크게 요동칠 것이다.

이런 상황은 학부모 상담에서도 동일하게 적용된다. 아무리 열심히 해도, 부족한 점과 미진한 점이 있을 수밖에 없다. 특히나 다양한 성향의 학부모를 만나는 자리라 무척 조심스럽고, 잔뜩 긴장하다 보니 부족한 점이 드러나지 않을지, 전문성이 평가 당하는 것은 아닌지 걱정되는 상황에 놓인다.

'나(교사)는 완벽해야 한다'는 높은 '자기 기준'과 '인정 욕구'가 학부모 상담을 오히려 어렵게 만드는 원인이 될 수 있다.

교사는 신神적인 존재가 아니다. 교사도 실수할 수 있고 부족한 부분이 있는, 지극히 평범한 인간일 뿐이다. 설령 학급에서 벌어지는 일에 대해서 잘 모르고 있던 사실을 학부모를 통해 알게 되었더라도, 학부모를 통해 정보를 전달받고 함께 대책을 세우면 된다. 또 어떤 일에 대해서 오해를 하거나 잘 모른다면 이제부터라도 오해를 풀면서 하나씩 알아 가면 될 일이다. 처음부터 담임교사가 모든 것을 완벽하게 잘 알아야 하며 학부모로부터 반드시 인정받아야 한다는 신념은, 교사 스스로를 옭아매는 비합리적 신념이다. 힘든 길을 자초하는 원인이 된다.

진실 4) 학생의 '평소 생활 모습'을 기록하라는 말의 오해

기록은 그 방향이 '어디를 향하는가'에 따라 독이 될 수도 있고 약이 될 수도 있다. 학생의 평소 생활 모습을 기록해 두라는 이야기를 많이 들을 것이다. 학생이 어떤 장면에서 어떻게 행동하는지 기록해 놓는 것은 Neis에서도 누가 기록 항목이 있으니 당연히 필요한 일이다. 그런데 학생의 평소 생활 모습 중 잘못하는 점만 팔만대장경처럼 기록했다는 이야기를 들을 때가 있다.

"아이가 잘못한 점을 학부모 상담 시간에 말씀드렸는데, 안 믿으시더라고요. 그래서 그 고민을 다른 선생님들과 나누다 보니, 낱낱이 기록해서 제시하면 믿지 않으실까 싶어서 학생이 잘못할 때마다 기록해 두었어요."

이 선생님의 의도는 학생의 행동을 변화시키기 위해서 잘못한 점을 누락시키지 않고 일지처럼 기록해서 학부모님께 알려 드리고, 학생이 더 성장하고 발전하기를 바라는 선의일 것이다. 하지만 이 기록을 보는 학부모의 심정은 어떨까?

"선생님이 우리 아이를 얼마나 싫어했으면 잘못한 것만 기록하셨겠어요!"

담임교사가 아이의 장점은 보지 않고 단점과 고칠 점만 꼼꼼히 기록했다는 것에 크게 서운함을 느낄 것이다. 이는 처음의 좋은 의도와는 달리 학부모에게 오해를 받을 수도 있다.

학부모에게 보여 주기 위한 기록을 하더라도 반드시 잊지 말아야 할 것이 있다.

학생의 잘하는 점, 강점, 칭찬하고 격려할 점, 변화된 점, 발전 가능성이 있는 행동, 노력하려는 태도, 보완되면 달라질 점 등을 기본으로 기록해야 한다.

기록이 능사가 아니라 어떤 방향으로 읽힐 수 있는지 생각해 보자.

학생의 성장을 위한다면, 학생의 잘못된 행동, 특이한 행동 그 자체만 기록하지 않고 어떤 상황에서 그 행동이 유발되었는지, 이때 어떤 조치를 취하고 무엇을 도와줄 수 있을지, 또한 교사와 학부모 그리고 학급 친구들은 어떤 도움을 줄 수 있는지 고민한 내용도 함께 기록해야 한다.

그런 고민이나 의도가 보이지 않는 기록은 학생에게도 큰 도움이 되지 않을뿐더러, 학부모 상담에서 제시했다가는 역풍을 맞을 수도 있다.

학생이 잘하는 것, 변화된 점, 성장한 점을 기록하는 것은 어떨까? 그런 관점에서 바라본 기억은 실수한 것, 잘못한 것을 함께 기록하더라도 크게 문제되지 않을 것이다. 교사의 학생에 대한 애정, 교육 활동에 대한 진솔한 고민이 학생에 대한 기록 속에 함께 녹아 있을 때, 학생과 학부모, 그리고 교사 모두에게 도움이 될 것이다.

진실 5) 학부모 상담은 '학부모도' 어려워한다

학부모 상담은 교사만 어려워하는 것이 아니다. 학부모 역시 어려워한다. 많은 학부모가 어떤 말을 할지, 무엇을 말할지 막막한 상태로 상담을 받으러 온다.

학부모 중에는 옷차림까지 크게 신경 쓰며 어떻게 입고 갈지 고민한다는 학부모도 있다. 교사와 학부모가 편하게 만나야 할 학부모 상담이 마냥 편할 수는 없는 자리인 것이다.

보다 성공적인 학부모 상담을 위해서 마음의 편안함과 여유를 가질 수 있는 '따뜻한 차'와 '여유로운 마음'부터 준비해 두는 것은 어떨까? 어쩌면 이 사소한 것들이 힘들고 어려운 학부모 상담을 편하고 의미 있는 학부모 상담으로 만드는 첫걸음이 될 것이다.

'학부모 상담을 할 수 있는 용기'는 이런 작은 고민과 실천에서 솟아난다.

학부모에게
묻는
학부모 상담

'학부모 상담을 하는 선생님께 바라는 점' 학부모 설문 실시

대　　　상 : 전국 초등 학부모 264명
설문 기간 : 2019.1.3.~1.31
설문 방법 : naver폼으로 학부모 커뮤니티에 소개

학부모는 상담을 어떻게 받아들일까?

"선생님이 불편한 게 아니라 학교에 상담을 가는 것 자체가 부담인 것 같습니다. 선생님들께서 분위기를 편안하게 이끌어 주시면 좋을 것 같아요."

"아무 준비 없이 앉아 계시지 말고 기본적으로 아이에 대한 교사의 생각을 준비해서 상담에 임해 주셨으면 좋겠습니다. 학부모가 선생님과의 침묵이 어색해서 먼저 아이에 대한 이야기를 쏟아내는 자리가 아닌 아이에 대한 교사의 생각을 들으러 가는 자리였으면 합니다."

"일하는 부모를 생각하여 힘드시겠지만 하루 정도는 조금 늦은 시간에 상담 요청을 하여도 되게끔 하셨으면 좋겠다. 작년 선생님은 낮 시간 오후 3시부터 5시까지만 상담하신다며 일방적으로 종이에 상담 시간을 지정해서 보내 눈치 보이고 난감했었다. 선생님이 아이들에게 하신 말씀이 나도 아이 엄마라 집에 일찍 가야 하니 시간 안에 신청을 하든지 하라고 하셨다. 부모 입장에서 이해가 가는 면도 있지만 학부모 입장에선 너무 이기적인 처사라 생각된다."

"문제가 있는 학생만 상담을 신청하는 것이 아닌데 모범생 아이의 부모가 상담 신청을 하면 왜 신청했냐고 귀찮아하는 경우가 있다. 대놓고 문제가 있는 부모만 신청하라고도 한다. 이런 분위기 때문에 상담 신청을 하기가 망설여지고 어렵다. 상담 신청을 할 때 부모에게 성의껏 대해 주었으면 좋겠다. 10분을 상담해도 진실되게 했으면 좋겠다."

"아이의 학교생활 태도와 선생님의 교육철학, 가치관 등이 궁금하여 일부러 시간을 내어 학교를 방문하는 편이다. 간혹 선생님께 말씀을 듣기보다는 30분 내내 혼자서 말하고 올 때도 있었다. 경험이 부족한 선생님이시더라도 일년 동안 아이를 맡으시면서 계획이 있으실 텐데 신뢰가 형성될 수 있도록 담임으로서의 믿음직한 모습이 아쉬울 때가 많다."

"여러 명의 학부모님과 상담을 하시면 물론 지치고 힘드시겠지만 저는 며칠 전부터 상담을 기대하고 선생님을 뵈러 갑니다. 반가운 척이라도 해 주시면 좋겠어요. 안 오셔도 될 부모님이 왜 오셨냐며… 웃음기 하나도 없는 선생님과의 상담 이후로 방문 상담이 꺼려집니다."

학부모는 교사와의 상담을 어떻게 바라보고 느끼고 있을까? 전국 초등학생 학부모 264명을 대상으로 설문한 내용을 보면서 학부모의 입장을 이해하고, 더 나은 상담이 되기 위한 팁을 얻었으면 한다.

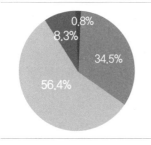

1. 학부모 상담을 1년에 몇 번 정도 신청하시나요?
- 문제가 없어도 1년에 2번 이상은 신청한다. (149명, 56.4%)
- 문제가 없어도 1년에 1번은 신청한다. (91명, 34.5%)
- 문제가 있을 때에만 신청한다. (22명, 8.3%)
- 문제가 있어도 신청하지 않는다. (2명, 0.8%)

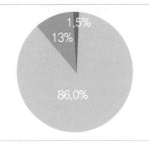

2. 교사와 어떤 방식으로 상담하는 것을 선호하시나요?
- 직접 만나는 상담 (227명, 86%)
- 전화를 통한 상담 (33명, 13%)
- 문자, 카톡을 이용한 상담 (4명, 1.5%)
- 이메일을 이용한 상담 (0명, 0%)

먼저, 학부모들은 상담을 얼마나 필요하다고 느끼고 있을까?

'1년에 몇 번 정도 상담을 신청하시나요?'라는 질문에 '문제가 없어도 1년 2번 이상 신청한다'는 답변이 56%, 최소 1번은 신청한다는 답변이 34.6%로 학생 문제의 유무와 상관없이 1회 이상은 학부모 상담을 하고 싶다는 의견이 약 90% 이상을 차지하였다.

사실 많은 교사들이 '딱히 학생에게 문제가 없는데 상담할 필요가 있을까?'라고 생각하기도 한다. 그러나 학부모들은 학생에 대한 객관적인 정보를 얻을 수 있는 유일한 방법이 학부모 상담이다. 그러므로 학사 일정에 배정된 상담 주간뿐 아니라 융통성 있게 소통의 창구를 열어 두려는 노력도 필요하다. 더구나 85.4%의 학부모는 직접 만나는 상담을 선호했다. 현실적인 편리함을 따지면 전화 상담이 간편하고 장소의 제약을 받지 않아 더 선호할 수도 있겠지만, 학부모들은 교사와 대면하며 대화를 나누는 방식이 더 상담에 적합하다고 판단하는 것이다. 1년에 최소 1번 정도는 담임교사나 생활지도 교사를 직접 만나 학생에 대한 정보를 얻고 문제를 해결하고 싶어 한다는 것을 알 수 있다.

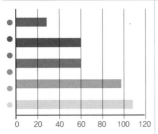

4. 상담을 잘 안 하게 되는 경우가 생긴다면, 무엇 때문일까요? (항목별 중복 투표 가능)
- 특별히 자녀에게 문제가 없어서 (126명, 47.7%)
- 교사의 태도, 신뢰감 문제 때문에 (96명, 36.4%)
- 상담 시간이나 일정의 문제 때문에 (60명, 22.7%)
- 상담을 해도 문제가 해결되지 않아서 (60명, 22.7%)
- 기타 (27명, 10.2%)

학부모 상담을 잘 안 하게 되는 경우와 그 이유를 묻는 질문에는 '특별히 자녀에게 문제가 없어서'가 46%로 가장 높았다. 그러나 위의 결과에서도 알 수 있듯이, 학부모들은 문제가 없는 경우에도 '상담의 필요성'을 느끼고 있다는 점을 기억해야 한다.

여기서 또 주목해야 할 부분은 두 번째 순위부터이다. 상담을 안 하게 되는 원인으로 '교사의 태도, 신뢰감 문제 때문에', '상담 시간이나 일정의 문제 때문에', '상담을 해도 문제가 해결되지 않아서'를 차례로 꼽고 있다. 특히 교사의 태도와 신뢰감에 관한 문제는 '학부모 상담을 하는 선생님께 바라는 점'에 대한 설문에서도 압도적으로 많은 의견을 보였던 부분이다.

문제가 있는 학생만 상담을 신청하라고 하거나, 도저히 갈 수 없는 시간에 상담 시간을 배정하기, 준비가 전혀 안 되어 있는 상담, 학생에 대한 부족한 관찰, 무성의한 태도 등이 학부모가 상담을 꺼리는 원인으로 꼽혔다.

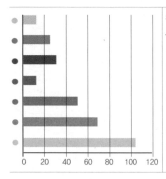

5. (학부모 상담 전) 걱정되고, 두려운 부분이 있다면 무엇일까요? (항목별 중복 투표 가능)
- 자녀에 대한 부정적인 정보 인식(112명, 42.4%)
- 없음. (68명, 25.8%)
- 옷차림 등 방문에 따르는 부담 (53명, 20.1%)
- 개인사로 상담 시간을 여유롭게 할 수 없는 점 (43명, 16.3%)
- 상담 내용의 유출에 대한 걱정 (31명, 11.7%)
- 기타 (26명, 9.8%)
- 개인, 가정사 등을 밝혀야 하는 상황 (14명, 5.3%)

이어서 상담 전 걱정되고, 두려운 부분에 대한 질문에는 '자녀에 대한 부정적인 정보를 알게 되는 것에 대한 우려'가 가장 많아, 학부모가 자녀에 대한 평가에 매우 예민하게 반응하고 있다는 것을 알 수 있다. 이어서 꽤 많은 학부모가 답한 '옷차림 등 방문에 따른 부담'은 학부모 상담에 있어, 상담의 내용뿐 아니라 교사가 생각하지도 못한 다양한 요소가 학부모에게 영향을 끼친다는 점을 기억해야 함을 시사한다. '개인 사로 상담 시간을 여유롭게 할 수 없는 점'도 많이 선택된 것을 볼 때 상담 주간의 융통성 있는 활용과 상담의 시기와 시간, 날짜를 여유 있게 정하는 것을 논의해야 할 것으로 보인다.

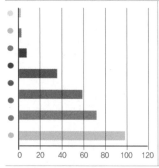

3. 학부모 상담을 할 때 가장 많이 다루고 싶으신 내용은 무엇인가요? (항목별 중복 투표 가능)
- 자녀의 교우 관계 파악 (246명, 93.2%)
- 자녀의 학습 능력 정도 파악 (188명, 71.2%)
- 자녀의 생활 태도 문제 논의 (156명, 59.1%)
- 교사의 학급 운영, 생활지도 방향(100명, 37.9%)
- 가정에서의 자녀 문제, 양육 방식 (11명, 4.2%)
- 기타 (4명, 1.5%)
- 특수한 가정 환경으로 인한 문제 (1명, 0.4%)
- 학부모 개인의 문제 (0명,0%)

학부모 상담을 할 때 가장 많이 다루고 싶은 내용을 묻는 질문에는 대다수의 학부모가 '자녀의 교우 관계 파악'을 선택하였다.

초등 학부모는 기본적으로 자녀의 교우 관계 파악에 가장 큰 관심을 가지고 있고, 더불어 학습 능력과 생활 태도 순으로 관심을 보인다는 것을 알 수 있다. 학기 초 이루어지는 상담의 경우, 최우선적으로 학생의 교우 관계 파악에 주력을 하고, 시간이 흐르면서 학습 능력과 생활 태도 부분을 파악하고 지도하는 노력을 하는 것이 좋다. 또한 학부모들은 자녀에 대한 이야기뿐 아니라, '교사의 학급 운영, 생활지도 방향'에도 적지 않은 관심을 보였다는 점에서 교사의 교육철학이나 학급 운영 방식도 잘 정리하여 상담 시 학부모에게 전달할 수 있다면 밀도 높은 상담 시간이 될 것이라고 확신한다.

Part 2

준비가 반이다,
학부모 상담

1. 막막함을 덜고 자신감은 더하는 상담 준비

어떤 사람이 점을 보러 무속인을 찾아갔다. 무속인이 대뜸 소리쳤다.

"당신네 집 마당에 사과나무 있죠?"

"아뇨, 마당에 사과나무 없는데요?"

그러자 무당이 이렇게 말했다.

"다행이네요! 있었으면 큰일 날 뻔했어요!"

아는 게 별로 없는 지금 이 상태에서 학부모 상담을 한다면, 나는 아마도 이 이야기 속의 무속인처럼 화제를 뱅뱅 돌릴 것만 같았다. 내가 가지고 있는 것이라곤 약 한달 간 드물게 학생을 관찰한 모습과 가정환경 조사서 정도이다. 이걸로 내가 학생에 대한 향후 지도 계획의 비전을 보여 주고 학부모가 궁금해 하는 것들에 잘 대답해 줄 수 있을까?

"만난 지 한 달밖에 안 되어서 제가 파악한 건 이 정도입니다."

어쩌면 이렇게 말하는 게 더 솔직할 것이다. 그런데 왠지 교사로서 자존심에 스크래치가 날 것만 같다. 물론 파악한 것보다 더 많이 아는 척하는 것도 옳은 태도는 아니다. 그렇다면 학생에 대해 더 많이 파악할 수 있는 방법을 알고 자료를 구하면 되는 것 아닐까? 주위에 조언을 구해 봤지만, 돌아오는 답은 '마음의 준비' 정도만 하면 된다는 것이었다.

교실을 깨끗이 청소하고 부드러운 분위기
를 위해 차를 준비한 후 학부모를 기다렸다.
대화를 기록할 종이와 학생이 제출한 가정환
경 조사서 한 장도 함께 준비했다.

"선생님, 아이가 같은 반 ○○이와 사이가
안 좋아서 학교 가는 걸 힘들어 해요."

머리를 한 대 맞은 듯 띵했다. 전혀 몰랐던 사실이었기 때문이다. 교
우 관계라도 미리 조사해 놓을 걸 하는 후회가 밀려왔다. 학부모가 알
려 준 이야기 덕분에 이제부터라도 학생의 문제에 더 관심을 가지고
보겠지만, 내가 먼저 파악했더라면 지금 이 시간에 나의 생각을 이야기
할 수 있고, 학생의 문제를 해결하기 위한 좀 더 나은 상담을 할 수 있
었을 것이다.

새 학기 첫 상담이라고 안이하게 생각했다는 마음이 나를 계속 괴롭
혔다. 다음 학부모 상담은 지금보다 더 나아야 할 텐데…….

책상 배치는
이렇게?

"알찬 학부모 상담을 위해 어떤 준비를
해야 할까?"

학부모 상담 장소부터 점검하자

의미 있는 학부모 상담을 하기 위해서는 학부모 상담에 대한 열린 마음, 자신감이 가장 중요하다지만, 학생에 대한 정보가 많지 않은 1학기 학부모 상담은 왠지 피하고 싶어지고, 자신이 없다. 어떤 학부모일지 모른다는 막연한 불안감도 크게 한 몫하고 있다. 그러나 아주 기본적인 것부터 하나씩 꼼꼼하게 준비하다 보면 불안과 막연함은 어느새 자신감으로 바뀔 것이다. 이러한 준비들은 학부모 상담뿐 아니라, 공개 수업 때도 필요하다.

간단한 교실 정리

학부모 상담 준비의 첫 번째 과제는 대부분의 학부모 상담이 이루어지는 교실을 정리하는 것이다. 교실 정리는 학부모에게 깨끗한 교실을 보여 주기 위함이 아니다. 손님을 맞이하는 '마음의 준비'와 같은 것이다. 차분하게 정리된 교실은 학부모가 상담에 집중할 수 있는 환경이 된다. 어떤 상담이든지 실제로 상담 장소의 환경은 상담의 질에 큰 영향을 미치기 때문에, 자리 배치, 채광, 환기, 조명, 의자, 책상 모양, 시계 위치 등을 고려하여 상담 장소를 보다 편안한 자리로 만든다. 학부모 상담은 심리 상담 영역이 아니라 해도, 상담 환경이 보이지 않게 많은 영향을 미친다는 것을 기억하자.

예를 들어 학부모가 앉으려고 보니 의자에 껌이 붙어 있다든지, 책상 위에 남아 있는 간식 부스러기나, 지저분한 교실 바닥으로 학부모의 시선이 간다면, 교사는 상담 중이라도 은근히 신경이 쓰이고 상담으로의 몰입이 방해를 받을 수밖에 없다. 기본적인 청소 상태, 특히 학부모가 앉을 자리 등을 미리 점검하여 상담 시간에는 상담에 집중할 수 있는 환경을 만드는 준비부터 하자.

학생 사물함 정리

학부모가 가장 궁금해 하는 것은 무엇일까? 상담을 통해 확인하고 싶은 것은 무엇일까? 아마도 선생님의 눈으로 보고, 입으로 말하는 '학교에서의 내 아이 생활 모습'일 것이다. 더러 상담 전후 짧은 시간 사이에 학생의 사물함을 확인하는 학부모도 있다. 학생의 사물함 상태는 학부모의 눈으로 가장 쉽게 확인할 수 있는 자녀의 학교생활 모습이기 때문에, 학부모에게 매우 강한 인상을 심어 준다. 무심코 열어 본 자녀의 사물함 정리가 잘 되어 있지 않다면, 학부모는 상담 내용과 상관없이 학교에서의 자녀 모습을 상상하며 괜한 걱정이나 불안감을 가질 수도 있다. 이러한 부정적 정서는 학부모와 교사의 작업동맹에도 영향을 끼칠 수 있다. 학생 사물함은 엄연히 사적 공간이기 때문에 담임교사가 직접적으로 정리에 관여하기는 어려울 것이다. 다만 학생들에게 사물함 정리의 필요성을 이야기하고 사전에 정리를 하도록 하는 게 좋다.

환기와 채광 확인

교실은 많은 학생들이 함께 생활하는 곳이기 때문에 공기가 쉽게 탁해진다. 특히 우유, 급식 등으로 냄새가 나는 경우도 있다. 교실에서 늘 생활하는 교사와 학생은 익숙할지 모르지만, 외부에서 들어온 학부모는 답답하거나 불편하게 여길 수도 있다. 따라서 학부모 상담 전후에는 반드시 환기를 해 주자.

채광은 교사가 조절할 수 있는 것은 아니지만, 교실에 커튼이 있을 때에는 햇빛의 양에 따라 너무 밝지도 너무 어둡지도 않게 조절해 주는 것이 좋다. 학부모의 자리 쪽으로 햇빛이 들어 눈이 부시지는 않는지, 직사광선으로 불편하지는 않을지, 너무 어두운 것은 아닌지 미리 살펴 두는 것이 좋다.

게시물, 화분 관리

작은 화분부터 큰 넝쿨식물까지 다양한 식물을 기르는 학급도 있다. 그렇다면 바짝 마른 잎은 없는지, 물은 적당히 주어서 관리가 잘되고 있는지, 관엽 식물이라면 잎에 먼지가 쌓여 있지 않은지 살펴보고 깨끗이 관리해 두는 게 좋다. 또 학생 작품 판이나 선반에 전시된 게시물과 수업 결과물들이 깔끔히 정리정돈되어 있는지 간단히 확인한다. 특정 학생의 작품판이나 게시물이 누락되지 않도록 신경 쓸 필요도 있다.

상담은 '만남'이다.
사람과 사람의 만남이기도 하고, 환경과 사람의 만남이기도 하다.

□ 학부모님이 앉는 자리의 학생 책상 속 비우기
□ 바닥 쓰레기 치우기
□ 교사 책상 정리하기
□ 학생 사물함 정리 상태 관리
□ 쓰레기통 주변 점검하기
□ 게시물, 화분 관리
□ _____

효과적인 상담을 위한 자리 배치

공간은 사람이 가장 쉽게 영향을 받는 무의식적 자극 중 하나이다. 따라서 상담 시 공간 점검과 더불어 자리 배치는 상담의 첫단추를 잘 끼는 것과 마찬가지이다. 학부모 상담 시 교사의 자리와 학부모의 자리 배치는 상담의 진행 방향에 영향을 줄 수 있다.

첫 번째, 교사는 자신의 자리에 앉고 학부모는 그 옆에 앉거나, 교사 책상을 가운데 두고 마주 보며 앉는 자리 배치가 있다. 교사 입장에서는 편안할 수 있지만, 학부모 입장에서는 교사가 권위 있게 느껴질 수도 있다. 우리는 누구나 서로 동등한 위치라고 느낄 때 편안함을 느낀다. 이 자리 배치는 학부모가 교사와 동등하지 않다는 느낌을 가질 수도 있기 때문에 학부모 입장에서는 거리감을 느낄 수도 있다.

두 번째는 학생의 책상을 사이에 두고 교사와 학부모가 학생 의자에 앉는 자리 배치가 있다. 성인이 학생용 의자에 앉는 것이 물리적으로는 조금 불편할 수 있지만, 동등한 입장에서 대화를 나눈다는 느낌을 주어 심리적인 안정감을 줄 수 있다. 학부모와 교사 서로가 동등하다는 느낌을 가진다면, 심리적 방어에서 오는 불필요한 에너지를 줄일 수 있다.

어떤 자리 배치가 좋다, 나쁘다고 말할 수는 없다. 특정 상황이나 교사가 추구하는 상담 목적에 따라 선택이 달라질 수 있다. 편안하게 허심탄회한 이야기를 나누고자 하는 상담을 추구한다면 학생 자리에서 상담하는 것이 분명 효과적일 것이다. 그러나 학부모와 적당한 거리를 유지해야 하는 상황이라면 교사의 자리에서 상담하는 것이 더 효과적일지도 모른다. 학부모 상담 시 다양한 자리 배치를 시도해 보면서, 어떤 자리 배치가 편한지, 더 효과적인지 알아보는 것도 좋다.

어떤 자리에 앉는지에 따라 시야가 달라진다.

학생의 다양한 장점들을 찾아 놓자

학생을 잘 관찰하여 장점을 미리 발견하고 기록해 두는 것은 학부모 상담에서 일종의 보험과도 같다. 학부모가 생각하는 자녀의 장점과 선생님이 관찰한 학생의 장점이 일치할 때는 깊은 유대감을 느낄 수 있기 때문이다. 특히 교사가 관찰한 학생의 장점이 학부모도 잘 모르고 있던 것일 경우, 그와 관련해 교사가 학교에서의 구체적인 학생의 모습이나 일화를 들려준다면 학부모는 교사에게 더욱 강한 믿음과 신뢰를 가질 것이다. 이는 학부모 상담에서 가장 중요한 작업동맹 관계를 유지하는 절호의 기회가 된다.

학생들의 장점과 강점 찾기

1. 자신의 장점(강점)을 최대한 찾아보게 한다.
2. 모둠별로 자신의 장점(강점)을 소개하고 친구가 하나씩 추가해서 찾아 준다.
3. 반 게시물로 전시한 후 친구들이 강점을 포스트잇에 붙여서 써 준다.

* 특별한 장점을 찾는 것에만 집중하면 부담이 될 수 있다. 평소에 하는 행동인데, 장점이 되는 상황을 찾아 주는 것도 필요하다. 예를 들어, 평소에 행동이 느린 아이가 있다면, 느린 행동 때문에 도움이 되었던 상황을 찾아보는 것이 필요하다. 가령 차분하게 생각하는 힘이 있다거나, 항상 신중하게 판단하는 상황을 제시하는 것도 방법이다.
학생의 독특한 면이 강점으로 활용되는 상황을 찾는 방법도 효과적이다.

교사가 학생을 깊이 파악하고 이해하고 있다는 사실은 학부모에게 강한 신뢰감을 준다. 학부모는 그것을 확인하고 싶어 한다.

학생의 욕구를 충족시킬 전략을 세워 두자

새 학년으로 올라가며 1년 단위로 새로운 환경을 맞이한다는 것은 교사나 학생 모두에게 큰 설렘이다. 학기 초에 학생이 학교생활을 어떻게 하고 싶은지, 학생의 바람과 욕구를 미리 스케치해 놓고 조금씩 파악해 놓는다면, 이런 점을 학부모 상담에서 학부모와 공유하고 학교와 가정생활에서 협력할 부분에 대해서 논의할 기회가 충분해진다. 예를 들어 '학교생활 잘하고 선생님께 칭찬받는 학생이 되고 싶다'는 욕구가 강한 학생의 학부모가 상담하러 왔다면, 학부모에게 학생의 욕구와 생각을 알려 주고, 어떻게 하면 학교생활을 잘할 수 있을지에 대한 전략을 미리 세운 후, 이야기하는 것이 좋다.

선생님) "아이가 학교생활을 잘하고 싶어 하고 선생님에게 칭찬받고
싶어하는 욕구가 강해요"
학부모) "네, 선생님, 그런데 아이가 늘 욕구만 앞서고 잘하는 게 없
어서 걱정이에요."
선생님) "잘하지는 않아도 열심히 하려고 하고, 칭찬받으려는 욕구
가 강하다는 것은 의욕이 있는 모습이니 보기 좋아요."
학부모) "매년 그러다가 제대로 실천을 못해서 제풀에 의지가 꺾이
곤 하는데…… 그럴 때마다 어찌 해야 할지 모르겠어요."
선생님) "일단, 학교에서 선생님과 눈 마주침부터 실천해 보자고 하
는 게 어떨까요? 수업 시간에 의식적으로 선생님 눈을 뚫어
져라 보는 것부터 해 보자고 저도 이야기할게요. 가정에서

도 100점 만점에 몇 점 정도 눈을 마주쳤는지 물어보시면 도움이 될 것 같아요."

학생 개개인마다 딱 맞는 '작은 실천 전략'을 미리 생각해 두는 것은 교사 자신을 위해서라도 필요한 준비 과정이다.

학부모 상담 신청서를 '잘' 활용하자

학부모 상담을 하다 보면 종종 배가 산으로 가는 경우가 있다. 어느새 상담과는 상관없는 잡담으로 흐르기도 하는데, 그 원인은 교사, 학부모가 상담의 목표와 목적을 잊었기 때문이다. 이런 현상은 학부모와 교사가 불편한 상황을 회피하고 싶은 마음, 긴장과 불안에서 비롯되기도 한다. 이를 '심리적 저항'이라고 부르는데, 상담 전에 이런 심리적 저항감을 줄이면서 효과적인 상담을 하기 위해서는 학부모 상담 신청서를 적극적으로 활용하는 것이 좋다.

학부모 상담 신청서를 활용하면 이런 점이 좋다.

첫째, 학부모가 상담 신청서를 작성하면서 자신의 양육 태도와 교육 방법을 스스로 점검해 볼 수 있다. 또한 학부모 스스로 교사와 나누고 싶은 이야기나 상담에서 기대하는 바를 생각해 보게 할 수 있다.

둘째, 작성된 상담 신청서는 상담이 시작되었을 때 꼭 다루어야 하는 핵심 주제에 다가서는 도구가 되므로, 제한된 시간을 효율적으로 활용할 수 있다.

셋째, 작성된 상담 신청서를 통해 학부모의 성향을 파악하고 쉽게 상담 준비를 할 수 있다.

넷째, 상담 신청서에 상담 내용을 필기해 두면 상담 내용이 한눈에 들어오도록 정리할 수 있고, 상담 과정에서 논의된 것이 잘 이루어지는지 추후에 확인할 수 있다.

이때 주의해야 할 것은, 학부모 입장에서는 학부모 신청서를 받으면 부담을 느낄 수도 있기 때문에 학부모 상담 신청서를 숙제처럼 느끼지 않도록 해야 한다.

상담 신청서를 배부하는 순간, 학부모 상담은 시작된다.

알아 두면 쓸모 있는 관찰 포인트

학부모들은 담임교사가 자신의 아이에 대해 얼마나 세심하게 알고 있는지, 이해하고 있는지를 궁금해 한다. 사실은 이런 지점이 교사가 학부모 상담에 부담을 느끼며 자신 없게 만드는 원인이 되기도 한다. 학생에 대해 세심하게 알아야 한다는 압박감은 교사를 불편하게 만들기도 하지만, 어떻게 보면 교사와 학부모가 강한 라포와 작업동맹을 형성할 수 있는 지점이 되기도 한다.

반드시 세심하고 깊이 있게 알아야 한다는 생각보다는, 학생들을 관찰할 때 몇 가지 포인트를 정해 두고 기억하거나 기록해 놓는 것부터 시작해 보면 어떨까? 그것만 가지고도 일단은 학부모와 자연스러운 대화를 시작할 수 있다.

학부모 상담 전에 다음과 같은 포인트로 학생을 관찰해 보자.

외모의 변화

- 머리 모양이 달라진 점
- 피부색이나 피부 건강의 변화
- 안경을 쓰지 않다가 안경을 썼다든지, 안경테가 바뀐 경우
- 옷차림에 전반적인 변화가 있는 경우 (스타일, 색)
- 장신구(목걸이, 귀걸이, 반지)
- 가방을 새롭게 산 경우
- 새 신발, 실내화 상태

신체, 행동 변화

- 글씨체의 변화(학기 초와 학기 말)
- 사물함 정리 상태
- 책상 서랍 정리 상태
- 쉬는 시간, 점심시간의 행동
- 키, 몸무게의 변화
- 건강 상태의 변화
- 자주 쓰는 말투, 습관의 변화

학습(태도), 교우 관계의 관찰

- 교과목이나 교과목 내의 영역에 따른 흥미도

- 교과목에 따른 특징적인 점

- 모둠 구성원에 따른 행동

- 강의식 수업, 프로젝트 학습, 협력학습, 모둠별 토의학습 등 학습
  형태에 따른 행동

- 과제 수행에 대한 결과 및 특이점

관찰은 곧 관심을 뜻한다.

학부모 교육상담 신청서

아 동 인 적 사 항	학년 / 반 / 번		성 별	아 동 이 름	

상 담 희망 일시	1차 희망	월 일 ( )요일 시간:	2차 희망	월 일 ( )요일 시간:	

* 상담 목적	* 상담을 통해 얻고 싶은 것이 무엇인지 구체적으로 적어 주세요.				

학부모 상담 시 다루고 싶은 내용

인지적 영역 (학습면)	
정서적 영역 (인성, 성격)	
행동적 영역 (습관)	
* 자녀 교육을 하면서 가장 힘든 일 (구체적으로)	
* 아이의 강점	* 아이의 강점은 무엇인지 구체적으로 적어 주세요.

1일 평균 대화 시간		주 양육자		친한 친구		
		게임 시간	평일	TV 시청 시간	평일	
			주말		주말	

2. 내가 아는 학생 정보는 보험이다

얼마 전 학부모로부터 문자 한 통을 받았다.

'선생님께서 말씀하신 부분을 아이와 이야기했어요. 제가 아이를 다 안다고 생각했는데 미처 생각 못한 부분이 많았네요. 정말 고맙습니다.'

학생이 고민하던 교우 관계 문제가 해결된 것도 다행이었지만, 학부모가 학생과 대화하며 적극적으로 문제 해결을 하기 시작했다는 점이 무척 뿌듯했다. 교사라는 자긍심이 다른 날보다 샘솟는 하루이다. 예전에는 상담이 무척 긴장됐었다. 내가 학생을 잘 모르고 있는 건 아닌지, 학부모가 나를 성의 없다고 여기면 어쩌나 고민했던 것이다. 그래서 몇 년 동안은 상담할 학생을 하루 종일 관찰해 보기도 했다. 그렇지만, 모든 학생들이 눈에 띄는 특징이나 문제 행동을 보이는 것은 아니니 내가 얻을 수 있는 정보는 한정될 수밖에 없었다.

'저 아이는 요즘 무슨 생각을 하고 있을까?'

'진짜 친한 아이, 좀 꺼려지는 아이는 누가 있을까?'

'저 아이의 하루 일과 중 가장 힘든 일은 무엇일까?'

이런 것들은 수업 시간의 관찰만으로는 알 수 없었다. 그래서 한번 알아보자는 마음으로 여러 가지 활동 프로그램을 시작했다. 처음에는 학부모 상담을 위한 기초 자료 준비로 시작했는데, 학생들의 전체적인 생각과 교우 관계, 일과를 파악하고 나니 학생들끼리의 유기적인 관계, 성향, 평소 행동의 원인 등이 눈에 보였다. 그리고 진짜 궁금해졌다.

'가정에서는 어떻게 지낼까? 학부모님은 얼마나 알고 계실까?'

"제가 학생과 지내면서 파악한 관찰 결과는 이렇고요. 함께 프로그램

하면서 이런 점도 발견했어요. 이 친구와 왜 이렇게 친한가 봤더니 하루 일과 중에 같은 학원을 2개나 다니고 있더라고요. 상대 친구도 ○○이를 가장 친한 친구로 생각했어요. 혹시 집에도 자주 놀러 오나요?"

"예, 맞아요. 평소에 이 친구 이야기밖에 안 해요. 그래서 저는 좀 걱정이에요. (중략) 교우 관계가 너무 좁아지는 건 아닐까요?"

이 외에도 학생이 최근 가장 고민하는 것들, 학원에 대한 생각을 학부모님과 나누면서 가정에서의 모습은 조금 다르다는 것을 알게 되었고 교우 관계에 대한 긍정적인 개선 방향도 이야기 나누었다.

"저희 아이를 너무 잘 알고 계신 것 같아요. 마음이 놓여요!"

가끔은 학부모와 내가 아는 것이 다를 때도 있었다. 그럴 때는 왜 서로 다르게 알고 있는지 이야기해 보며, 학생을 관찰할 새로운 시각과 지점이 생기기도 하였다. 큰 노력을 들이지 않아도 이 정도 준비만으로 상담의 밀도가 높아지는 느낌이었다. 자신감이 생긴다.

알고 있는 만큼 말할 수 있다

"지피지기 백전불태(적을 알고 나를 알면 백 번을 싸워도 위태롭지 않다.)"

참 식상한 말이지만 학부모 상담을 앞둔 상황에는 정말 적절한 말이 아닐까?

학부모 상담이 싸워서 무엇을 쟁취하는 행위는 아니다. 그러나 학생에 대해 아는 것이 별로 없다면 상담 자체의 질이 떨어지고, 교사와 학부모의 신뢰 관계에 문제가 생길 수 있다. 학생에 대한 정보 부족이 충분히 '위태로운' 상황을 만들 수 있는 것이다. 앞서 학부모 상담이 필요한 이유에 대해 이야기했듯이, 정보의 공백과 격차 때문에 생길 수 있는 오해와 불신을 예방하기 위해서라도 학생에 대해 '알고 있는 것'은 꼭 필요하다.

처음 만난 학생에 대해 얻을 수 있는 정보에 한계가 있다고는 해도, 최소한의 준비도 되어 있지 않다면 학부모와의 첫 만남에서 대등한 대화를 나누기가 어려워질 것이다.

교사가 수집한 학생에 대한 정보의 실마리가 많을수록, 상담 이후에도 교사의 마음속에 학생 정보의 '범주화'가 쉽게 이루어지고, 후속 지도가 가능하다. 단순히 학부모에게 전적으로 의지하여 얻은 학생 정보만을 중요하게 여겨서는 안 된다. 왜냐하면 이후 학생과 함께 생활하며 교사의 판단에 따라 학부모가 제공한 정보도 객관적으로 더하거나 빼야 하는 것이 생기기 때문이다. 그러므로 최대한 많은 준비와 상담 전

활동을 통해 학생에 대한 이해도를 충분히 높이는 것이 필요하다. 그래야 학부모와의 상담 자리에서 학부모의 생각에 교사의 의견을 함께 나누고 학생에 대한 향후 생활지도에 대한 방향을 합의할 수 있다. 학생 상담을 위한 작업동맹의 첫 단추를 채우는 것은, 학생에 대해 교사와 학부모 서로가 나눌 수 있는 충분한 정보가 있을 때 가능하다.

물론 학생들을 이해하는 데에는 분명 많은 시간이 필요하다. 그러나 다음에 소개하는 몇 가지 자료를 활용한다면, 보다 짧은 시간 안에 학생을 이해하고 예상되는 문제를 예방하는 실마리를 얻으며 학부모와 함께 상담의 깊이를 더하는 최소한의 보험을 들 수 있을 것이다.

학부모의 양육 방식을 알면 학생이 보인다?

학부모 상담에서 학부모로부터 학생에 대한 정보를 얻기 전, 가정 조사서의 서면 질문을 통해 미리 학생에 대한 정보를 확인할 수 있다. 학생 정보만큼 중요한 것은 학부모의 교육관과 양육 방식이다. 부모의 양육 방식과 교육관에 따라 자녀가 큰 영향을 받는 것은 당연하다. 따라서 학부모의 양육 방식이나 교육관을 파악하는 것은 학생 이해에 큰 도움이 된다.

가정 조사서를 작성해 받아 보면, 일반적으로 많은 상담 주제가 되는 학원 문제, 학부모가 원하는 1년의 모습, 스마트폰 및 독서 등의 문제에 대하여 학생의 실태와 학부모의 욕구를 미리 알 수 있어서 상담 시 교사가 대화 주제를 미리 파악하고 계획하는 데 도움이 된다. 학부모 입장에서는 스스로 문항에 맞는 답변을 작성하면서 자신의 교육관과 양육 방식을 되돌아보고, 교사로부터 어떤 조언을 얻어야 할지를 인지할 수 있다는 장점도 있다.

단, 학부모가 가정 조사서와 같은 것을 작성하도록 할 때에는 주의해야 할 점이 있다.

학생이나 학교와 관련된 주요 문제에 대한 질문을 다루어야 한다는 것이다. 학부모의 개인사나 학생의 과거 행적 등을 캐묻는 듯한 인상을 주어서는 안 되며, 학부모가 질문지를 받았을 때 불쾌하게 여길 수도 있을 문장으로 된 질문이나, 과도한 정보 제공을 요구하는 느낌을 주는 질문을 던져서는 안 된다.

학부모 상담으로 만나기 전부터 학부모는 교사에 대한 전문성과 자질에 의구심을 가지게 될지도 모른다.

우리 자녀 이야기

이 가정조사지는 담임교사가 자녀를 더 깊이 이해하고 함께 생활하면서 배려해야할 부분을 파악하기 위해서 제작하였습니다.

바쁘시더라도 솔직하고 꼼꼼하게 써주시면 자녀와 행복한 학급 살이를 하는데 많은 도움이 될 것입니다.

고맙습니다.

자녀이름		적어주신 내용은 자녀파악의 용도로만 사용되며 1년 후 폐기 혹은 반환합니다. 정보제공에 동의하시겠습니까? (O, ×)
자녀전화		
문자 알림	○ ×	알림 받을 핸드폰번호
주소 (도로명)		

* 아래 내용 중 불편하다고 생각하시는 부분은 적지 않으셔도 됩니다.

1. 지금 같이 사는 가족들은 누구입니까?
(본교 재학 형제가 있는 경우 써주세요)

관계	이 름(학년/반)	전화번호

2. 방과후 학교, 혹은 기타 사교육을 받고 있나요?

방과후/학원/학습지	배우는 것	횟수 및 시간	배움의 계기

3. 자녀가 미래에 어떤 직업인이 되기를 바라고 계시나요?

- 부모님의 희망 :

- 자녀의 희망 :

4. 올 한해 자녀가 가장 성장했으면 하고 기대하는 것은 무엇인가요?
① 학습력 향상   ② 교우관계
③ 생활습관개선   ④ 취미, 적성 발견
⑤ 기타 (   )

5. 현재까지 학교생활을 하면서 자녀가 가장 힘들어했던 시기는 언제였나요? 있었다면 이유는 무엇이었나요?
(교사와의 관계, 학습능력, 교우관계, 건강 문제 등)

6. 현재 자녀의 양육에서 가장 많은 영향력, 돌봄을 담당하는 분은 주로 누구입니까?

7. 최근 자녀가 관심가지고 흥미를 보이는 분야나 과목, 취미 등은 무엇인가요?

8. 올 한해 자녀의 습관 중에서 꼭 고쳤으면 하는 점이 있다면 무엇인가요?

9. 자녀를 훈육할 때 주로 어떤 방법으로 칭찬이나 격려를 해주시나요?
① 용돈을 준다   ② 금지를 풀어준다.
③ 약속한 것을 사준다   ④ 말로 격려를 한다
⑤ 기타 (   )

10. 양육하면서 자녀가 잘못했을 때 어떻게 대처하시나요?

11. 자녀와 방과 후 대화를 나누는 정도는 얼마나 되나요?
① 거의 대화를 하지 않는다.
② 일상적인 대화정도만 한다.(일정, 숙제 등)
③ 자발적으로 자세히 오랜 시간 대화한다.
④ 물을 때에만 대답하고 적극적이지 않다.

12. 최근 자녀와 나눈 대화의 주제나 내용, 함께 한 활동 등은 무엇이었나요?

13. 최근 들어 보호자님이 자녀에게 자주하는 말씀은 무엇입니까?

14. 최근 자녀가 가장 듣기 싫어하는 말, 혹은 싫은 내색을 보이는 상황은 무엇입니까?

15. 보호자님이 파악하고 있는 자녀의 친구관계는 어떠하며, 자녀가 친하게 지내는 친구를 2명(학년/반)만 써주세요.

16. 보호자님이 생각하시는 자녀의 좋은 점과 부족한 점은 무엇인가요?

좋은 점	
부족한 점	

17. 담임교사에게 하고 싶은 말씀이 있으시면 써 주시기 바랍니다.

18. 새 학기를 맞은 자녀에게 보내는 작은 편지

☺ 끝까지 답해주셔서 감사합니다.

학생의 최근 생각을 알아보는 학급 활동

아무리 뛰어난 교사라도 학기 초에 학생 한 명 한 명의 관심사나 행동 특징, 성향 등을 모두 파악하기란 어렵다. 또한 다 알고 있다고 하더라도 일일이 기록해 두는 것도 쉬운 일은 아니다. 그러므로 학생들끼리 서로를 이해할 수 있으며, 교사도 학생에 대해 쉽게 파악할 수 있는 학급 활동을 활용하면 좋다. 여기서 추천하는 방법은 '나의 뇌 구조 알기' 활동이다.

나의 뇌 구조 알기 활동 방법

1. 요즘 관심 있는 주제(생각, 책, 만화, 영화, 음식, 게임)와 고민, 걱정거리를 함께 떠올리도록 한다.
2. 뇌 구조 학습지에 가장 큰 주제를 가운데 적고 생각의 크기에 맞게 낱말 혹은 문장들을 적어 나가도록 한다.
3. '점'으로 작게 표시된 부분은 귀찮은 것, 고민거리 등을 적게 한다.
4. 다양한 색을 사용하여, 꾸미고 싶은 만큼 꾸며 보도록 한다.
5. 완성되면 모둠원들끼리 돌려 읽고, 각 뇌 구조의 주인에게 해당 낱말이나 문장 등에 대해 질문하고 답하는 시간을 가진다.
6. 모둠별 활동이 끝나면 교사는 뒷 게시판에 전시하고, 일정 기간이 지나면 모두 걷어 뇌 구조의 낱말 등을 읽어 주며 누구의 뇌 구조인지 맞추어 보게 하는 시간을 가진다.

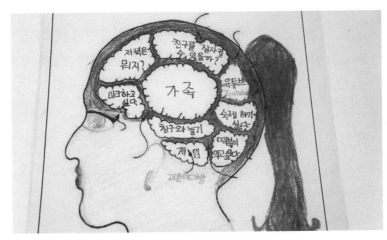

나의 뇌 구조 이야기로 학생의 최근 관심사 파악

위 활동을 통해 학생들끼리 서로의 관심사나 고민에 대해 이야기하면서, 학기 초 교우 관계의 질을 높일 수 있다. 또한 학급 게시물로 뒷면에 전시하며 한동안 학생들이 서로에 대해 관심을 가지게 할 수 있다. 그리고 학부모 상담 시 학습지를 떼어 내 학부모와 함께 보며 학생의 관심사에 대한 정보를 나눌 수 있다.

가령, 어떤 학생이 뇌 구조 그리기에 '피곤하다'고 여러 번 적었다면, 교사는 그 이유를 물어볼 것이다. 이때 학생으로부터 "그냥요."라는 답변밖에 얻지 못할 수도 있다. 그럴 경우 교사는 일반 상식 선에서 학생이 겪었을 법한 상황을 상상할 것이다. 학생과 친근해지기 어려운 학기 초에는 학생이 먼저 모든 정보를 내어주지는 않기 때문이다. 하지만 학부모 상담 시 학부모와 뇌 구조를 함께 보며 이야기를 나누다 보면 그 이유를 제법 구체적으로 알 수 있다.

'부모가 맞벌이를 해서 항상 동생의 등하교를 책임지고 돌봐야 하기 때문에 가끔씩 투정처럼 '피곤하다'는 말을 한다는 것', 혹은 '비염이 있어 봄, 가을에는 잠을 못 잘 정도로 괴로워한다.'는 등의 구체적인 이유를 알게 된다. 단순히 학생의 성격 상 그렇다고 오해한 채 지나칠 수 있었던 것들에 대한 오해가 풀리는 것이다. 학부모 상담 이후에는 학생과의 후속 상담에서 '동생에 대한 책임감 때문에 힘든 마음을 위로하고 격려'하거나 '따뜻한 물을 주기적으로 섭취할 수 있도록 배려'하는 등의 조치는 학부모에게 안도감과 신뢰감을 줄 뿐 아니라, 학생과의 유대감도 높이는 계기가 될 것이다.

뇌 구조 활동과 더불어 '나 사용 설명서' 학습지로 자신을 표현해 보는 활동 또한 학생을 파악하는 데 큰 도움이 된다.

'가장 바쁜 시간표'로 학생의 스트레스 원인 알기

'가장 바쁜 시간표'는 말 그대로 일주일 중 가장 바쁘고 힘든 날을 정해 그날의 일정을 시간표로 만들며 정리해 보는 것이다. 이 활동을 통해 일상을 살아가는 학생의 성향과 학부모의 양육 방식을 이해하는 폭을 넓힐 수 있다. 또한 특정 요일에 학생이 느끼는 스트레스에 대한 이야기를 나눌 수 있고, 학생의 요구나 감정 상태를 이해하게 되어 상담 시, 학부모에게는 차마 이야기할 수 없었던 학생의 감정을 전할 수 있는 기회가 되기도 한다.

어느 학생의 가장 바쁜 시간표가 수학 학원, 태권도 학원, 영어 학원 일정으로 5시부터 10시까지 빽빽하게 차 있다고 가정해 보자.

'혹시 힘들지 않느냐'는 교사의 질문에, 중간에 태권도 학원이 있어서 그나마 거기서 즐겁게 놀 수 있기 때문에 괜찮다는 학생의 이야기를 듣고 나면 이 일정에 대한 학생의 감정 상태를 이해할 수 있다. 이후에 학부모 상담에서 학부모가 "학원을 너무 많이 다녀서 그런지 아이가 집에 오면 너무 피곤해한다."며 이 중에서 태권도 학원을 잠깐 그만 다니게 하려는데 교사의 의견은 어떤지 묻는다면, 교사는 학생의 감정을 충분히 인지한 상태이기 때문에 교사의 교육철학과 학생의 현재 상태를 반영한 의견을 제시할 수 있다.

'현재 학생이 태권도 학원을 다님으로써 얻는 정서적인 이득이 크고, 학기 초 같은 학원 친구들과 긍정적인 교우 관계가 형성되어 있기 때문에 그만 두는 학원의 우선순위에서는 제외해 줄 것을 제안'한다거나 '학부모가 원하는 방향이 있으므로 3개월 정도 후에 다닐 학원을 다시 정하는 방식으로 자녀와 이야기를 나누어 보는 방법' 등을 제안할 수 있다.

이처럼 학생의 학교 안 생활뿐 아니라 학교 밖 생활까지 이해하면 학생을 이해할 수 있는 실마리를 더 많이 얻게 되고, 학부모는 학생을 폭넓게 이해하려는 교사의 시도에 많은 신뢰감을 가지게 될 것이다.

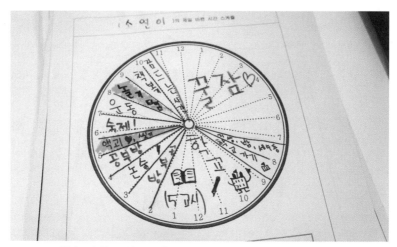

학생들의 학교 이후의 삶을 엿볼 수 있는 '가장 바쁜 시간표' (2-2-4)

교우 관계도로 향후 교우 관계 중심 살펴보기

교우 관계도는 학생들의 내밀한 관계를 어느 정도 파악할 수 있는 좋은 도구이다. 관계도를 확인하면서 인기가 많은 학생, 학생들이 기피하는 학생, 관심을 받지 못하는 고립된 학생 등을 파악할 수 있고, 이를 통해 자리 배정이나 모둠 구성 등에 참고할 수 있다.

교우 관계는 3개월 혹은 1학기 단위의 변화를 살펴보는 것이 중요하다. 학기 초에 인기가 많았던 학생이 기피 학생이 되기도 하며, 고립된 학생이 바뀌거나 새로운 기피 학생이 생길 수도 있기 때문이다. 그런 과정에는 교사도 느낄 수 있을 만큼의 문제 행동이 있거나 교사가 파악하지 못하는 학생들의 또래 문화가 있다는 뜻이므로 상당히 신경 써서 파악해야 한다. 더구나, 교우 관계는 학부모 상담을 신청하는 대부분의 학부모가 가장 궁금해 하는 영역이다. 그러므로 교사는 평소 학생들의 관찰을 게을리해서는 안 되며, 학생들이 직접 작성한 교우 관계도를 바탕으로 학부모와 학생의 교우 관계 문제를 깊이 있게 다루어 보는 시간을 반드시 가져야 한다. 특히, 초등학교 중학년 이후부터는 학생들의 또래 집단이 강화되어 반목과 시기, 질투 등이 심해지는 시기이므로 이 시기의 학생들이라면 더욱 세심하게 관찰해야 한다.

한 가지 명심할 것은, 이런 프로그램으로 학생의 교우 관계 전부를 알 수는 없다는 것이다. 학생들은 학교와 방과 후, 학원마다 다른 교우 관계의 폭과 깊이를 가진다. 학부모 또한 학생의 교우 관계, 학교 폭력 및 왕따 문제 등에 관심이 많기 때문에 학생들의 사소한 말, 행동, 교우 관계의 실패 등에 걱정이 앞설 때가 많다. 그래서 학부모가 교사보다 학생의 교우 관계에 대해 더 세밀하게 아는 경우도 있다. 교사가 학교에서 파악한 표면적인 교우 관계로는 이해되지 않던 문제들의 실마리를 얻게 되는 경우도 많으므로, 이때만큼은 교사와 학부모가 가진 학생의 교우 관계 정보를 서로 교환하며 공유하는 것이 가장 효과적이다.

'좋아하는 친구는 누구인지' 등의 교우 관계를 묻는 질문이 너무 직설적이라고 느껴진다면 '생일 파티에 초대하고 싶은 친구' 등의 간접적인 표현이나 구체적인 상황을 제시해서 알아볼 수도 있다.
교우 관계도를 통해 알게 된 학생 정보는 '교우 관계 프로그램'에 입력하여 학급 내 인기 학생, 고립 학생 등을 확인할 수 있다.

그동안 함께 생활해온 우리반 친구들에 대한 나의 생각을 기록해 보세요.

1. 내가 좋아하는 친구와 칭찬하는 이유를 적습니다.(남자2명, 여자2명)

친 구 이 름	친구가 친구관계에서 칭찬받을 점은 무엇인가요?
▨▨▨	재미있고 신나게 해준다
▨▨▨	나에게 먼저 다가와주고 같이 놀아준다.
▨▨▨	같이 도서관이나 학교서실을 이용해주어 고맙다

2. 가까이 지내고싶지 않은 친구와 친구가 고쳐야할 점은 무엇인가요?
(남녀 구분없음)

상담 과정 기록을 위해 스스로 점검하기

학부모 상담을 준비하는 과정에서 교사는 학생에 대한 이해도가 높아질 것이고, 상담 중 학부모와의 대화를 통해 교사가 가진 정보의 공백을 채우며, 학부모 또한 새로운 사실을 알게 될 것이다.

정보의 격차가 줄어드는 과정에서 교사가 새롭게 알게 된 사실과 학부모가 궁금해 하는 것, 교사가 꼭 기억해야 하는 것들을 반드시 기록으로 남겨 두어야 한다. 이럴 때 '상담 과정 기록지'가 큰 도움이 된다.

우선 학부모 상담 전 교사가 꼭 준비하면 좋을 것들의 체크리스트를 확인해 본다. 교사의 준비도에 따라 체크리스트 항목을 수정할 수도 있지만, 가장 먼저 '가정 조사서', '건강 조사서'는 모든 학교에서 기본적으로 준비하는 것들이니 반드시 확인한다. 학생의 관심사와 일상을 알기 위한 '나의 뇌 구조'와 '가장 바쁜 시간표', 학생의 학습 성취 수준을 파악하기 위한 '진단평가 자료', 학부모들이 가장 우선적으로 궁금해하는 교우 관계에 답하기 위한 '교우 관계도', 그리고 앞서 상담을 위한 준비로 '책상 배치', '교실 정리' 등을 포함하면 좋다.

그리고 상담 중 알게 된 사실(생활지도, 학습 태도, 건강 문제 등)과 학부모의 부탁 사항, 교사의 지도 사항 등을 기록해 두면, 후속 학부모 상담 시 상담을 준비하는 데 들어가는 노력과 시간을 줄일 수 있다.

교사는 한 명의 학생과 학부모만 만나는 것이 아니기 때문에 개별적인 기록 후 상담에 쓰인 자료를 묶어 보관해 두면 다음 상담 시 큰 도움을 받는다. 특히, 상담 중에 지난 상담 내용을 잊거나 문제 상황을 다른 학생과 혼동하여 큰 낭패를 본 경험이 있는 교사라면, 상담 후에 따로 시간을 내어 기록하려 하지 말고 상담하면서 간단히 기록해 두는 것이 좋다.

상담 과정 기록지에 상담 준비물, 학부모와 미리 나눌 주제와 궁금증 등을 기록해 두면 밀도 있는 상담을 진행할 수 있다.

3. 상담 준비, 이것만큼은 조심하자

"요즘, 학부모들은 참 무신경해. 학교에 그냥 자녀를 맡겨 두면 된다고 생각하나 봐? 딱 보면 1년 동안 어떻게 지낼지 보이잖아."

"그래서 나는 좀 뭐라고 하는 편이야. 아이 그렇게 놔두면 안 된다고, 먼저 키워 본 선배로서 이야기해 주는 거지."

"별거 없어. 요즘 맞벌이 하느라고 다 힘들잖아. 육아가 좀 힘든 일이야? 그냥, '힘드셨죠?' 하고 토닥토닥해 주고 같이 울어 주고 하면 돼. 결국 다 마음의 문제지."

선배들의 학부모 상담에 대한 조언을 듣고 나면, 내가 지금 상담을 잘못 알고 있는 건가? 내가 너무 어렵게 고민하는 건가 하는 생각이 든

다. 얼핏 들으면 다 맞는 말 같긴 한데, 내가 아직 경력이 부족해서 이해를 못하는 건가 싶기도 하다.

사실 학생의 잘못된 행동이나 습관이 쉽게 고쳐지지 않을 때, 가정에서는 이런 점에 대해, 학생에 대해 아무런 관심이 없는 것 같다는 생각을 한 적이 있다. 그렇다고 학부모 상담을 통해 학생의 잘못된 행동이나 습관이 잘 고쳐지지 않는 이유를 알아본 것도 아니다.

어쩌면, '교사'라는 이름으로 얻은 경험치로 너무 빨리 학생들을, 또는 학부모들을 판단해 버리는 '직업병' 같은 게 생긴 건 아닐까?

신규 때 학부모 상담 자리에서 연애 상대는 있느냐, 소개시켜 주겠다는 등의 이야기를 들었던 기억을 떠올리면 무척이나 불쾌하지만, 학부모에게 화를 내거나 훈계를 한다는 건 상상도 못할 일이다. 그렇다고 자녀에 대한 학부모의 죄책감과 아픔을 자극해 상담 시간을 눈물바다로 만들고 싶지도 않다.

나는 정말 학생을 학급에서 행복하고 즐겁게, 가정에서는 학부모가 걱정을 덜 수 있도록 협력하고 싶다.

하지만 상담에 대해서 배울수록 과도한 자신감, 혹은 잘못된 준비는 오히려 독이 될 수도 있겠다는 생각이 든다.

섣부른 넘겨짚기는 위험하다

앞서 학부모와의 대등한 협력 관계는 교사와 학부모간의 학생에 대한 정보 공백과 격차를 해소시킴으로써 유지가 가능하다고 이야기했다. 그러나 상담 준비를 하다 보면 의욕이 넘쳐서, 또는 교사의 의도와 달리 학부모를 불편하게 만들고 상담의 목적을 벗어나는 경우도 있다.

'선무당이 사람 잡는다.'

이 말은 학부모 상담의 준비와 실행에 있어 교사가 한 번쯤은 새겨야 한다.

자신만만하게 준비한 자료들에 취해 학생에 대한 섣부른 판단을 내리거나 확신에 찬 말을 하는 것은 매우 위험한 일이다. 어디까지나 교사가 접하는 대상, 대화하는 대상은 모두가 환경과 시간에 따라 언제든지 변할 수 있는 인간이기 때문이다.

'나의 뇌 구조도'나 '가장 바쁜 시간표', '교우 관계도' 등은 학생이 직접 기록한 자료이기에 신뢰도가 높을 수 있다. 그러나 그 자료를 해석하는 교사는 자신의 교직 경험을 토대로 학생의 향후 학교생활이나 교우 관계 등을 유추한다. 따라서 교사의 판단에는 언제라도 착오가 생길 수 있다는 점을 염두해 두어야 한다.

상담 준비를 위한 활동 프로그램의 결과, 매우 소극적인 모습을 보이며 교우 관계에서도 고립 현상을 보이는 학생이 있다고 가정해 보자.

교사가 학생의 성향이 내성적이고 교우 관계도 부족하다고 판단하여, 학부모 상담 시 관찰 결과를 이야기하며 앞으로도 이런 모습이 예상된다고 말했다. 집에서는 밝고 긍정적인 아이인데 혹시 무슨 문제가 있는 건 아닌지 학부모는 걱정했을 것이다. 1학기가 끝난 후, 학생의 변화를 발견한 교사는 깜짝 놀라게 됐다. 처음 판단한 것과 달리 학생은 매우 활발하고 교우 관계도 학기 초보다 훨씬 좋아졌기 때문이다. 학부모는 자녀가 낯을 심하게 가려, 매년 학기 초마다 그래 왔던 것 같다며 다른 문제가 없어 다행이라고 했다.

이런 경험이 있는 교사라면 자신의 섣부른 판단이 오히려 학생에 대한 편견을 만들었다는 것을 깨달을 것이다.

앞에서 제시한 학부모 상담을 위한 여러 가지 준비들은 어디까지나 상담 시에 학부모와 심도 있는 대화를 나누기 위한 자료이며, 학부모와 정보를 공유하기 위한 자원일 뿐이다. 그 자료에 대한 해석 또한 학부모와 의견을 나누며, 교사가 균형을 맞출 수 있어야 한다. 주어진 자료에서 볼 수 있는 것만, 학생의 행동에 대해 관찰한 후 알게 된 사실만 상담에서 자료로 활용해야 한다. 그 자료를 바탕으로 학부모와 함께 대화를 통해 학생 이해와 문제 해결의 실마리를 얻어야 한다는 것이다. 만약, 교사가 수집한 자료, 관찰한 결과가 학부모의 견해와 다른 지점이 생긴다면 교사와 학부모는 '왜, 다를까?'라는 질문을 두고 같이 고민해 보면 된다. 그러면 학생을 관찰할 새로운 지점이 생긴다.

교사의 입장에서는 '학교에서는 너무나 소극적인 학생인데, 집에서는 그렇게 활발하다고 하니, 분명 학생이 어떤 지점에서는 자신의 활발한 면을 보여 줄 수 있을 것이다'라는 학생 관찰의 새로운 지점이 열린다. 학부모 또한 자녀가 학교에서 소극적인 이유에 대해 관심을 가지고, 아이와 이야기 나눌 것이다. 그리고 그렇게 얻은 정보를 교사와 공유하며 학생이 학교와 가정에서 존중받을 수 있도록 협력할 것이다.

교사는 형사도, 성직자도 아니다

다양한 학부모 상담의 사례를 살펴보면, 교사가 학부모에게 지나치게 정보를 얻어 내려고 하는 경우에 대한 부담감을 토로하는 학부모가 있다.

학생에게만 사용해야 할 자아존중 검사나 심리 문장 완성 검사, 가족 어항 그리기 등을 학부모에게도 적용해, 학부모의 심리와 정서 파악을 하려는 것이다.

학부모의 양육 방식과 정서를 아는 것은 학생이 처한 문제와 고민을 해결하는 데 분명 도움이 될 것이다. 그러나 학부모 상담의 목적과 방향은 '학생'에게 향해 있어야 한다. 학부모의 정서나 심리 문제는 당사자가 먼저 끄집어내지 않는 한, 교사가 섣불리 접근할 영역이 아니다. 맞벌이 가정의 양육 문제를 이해하기 위해 출퇴근 시간 정도를 파악하는 것에 그쳐야 할 것을 직종이나 연봉, 채무 상태 등까지 확인하려 한다거나, 학부모의 사적인 고민 문제를 나서서 상담해 주려고 하는 모습은 일부러 시간을 내어 교사를 찾은 학부모에게 불편함을 줄 수 있다.

저경력의 교사가 학부모로부터 결혼이나 육아 미경험을 지적받아 당황스러운 경우가 있듯이, 고경력의 교사가 학부모의 양육 태도를 지적하거나 가르치는 듯한 태도를 보여 학부모가 당황하는 경우도 종종 있다. 가끔 교사들이 학부모 상담을 학부모 교육과 혼동하는 경우에 생기는 일이다.

교사는 상담 준비 단계에서부터 자신이 가질 수 있는 위험한 태도를 살펴보고 견제하도록 노력해야 한다. 그리고 스스로가 현재 어떠한 목적으로 학부모를 대면하는지에 대한 확고한 기준을 세워야 한다.

가끔 교사들 중 학부모 상담을 학부모의 '힐링'에 초점을 맞추어, 그저 학부모를 위로하고 격려하는 자리로만 여기는 경우도 있다. 일부 교사들은 '교사로서의 유능감'에 대한 만족감으로 "나를 찾아온 학부모는 상담을 하고 나면 고해성사하듯 속 시원하게 울고 간다. 그리고 무척 고마워한다." 라고 자랑하듯 말한다.

학부모가 교사와 이야기를 나누다 보면, 내면의 응어리와 고민이 해결되면서 감정이 격하게 표출될 수 있다. 교사가 경청해 준다는 사실만으로도 학부모는 깊은 배려와 감동을 느낄 것이다. 그렇다고 해서 교사가 자녀에 대한 학부모의 죄책감을 일부러 자극하는 것은 상담의 본질을 흐리는 행위이다. 성향에 따라 어떤 학부모는 큰 수치심으로 느낄 수도 있기 때문에, 이런 행동은 향후 상담에 있어 큰 걸림돌로 작용할 것이다.

교사나 학부모 모두 상담 준비에서 가장 중요한 것은 서로를 협력적 관계로 보는 것이며, 상담의 목적에 맞는 마음의 준비를 하는 것이다.

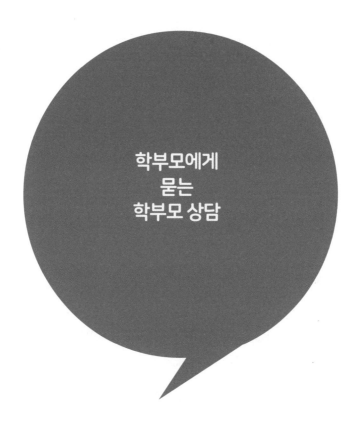

학부모에게
묻는
학부모 상담

'학부모 상담을 하는 선생님께 바라는 점' 학부모 설문 실시

대　　상 : 전국 초등 학부모 264명
설문 기간 : 2019.1.3.~1.31
설문 방법 : naver폼으로 학부모 커뮤니티에 소개

학부모도 상담이 두렵고 불편하다

"안 오셔도 될 부모님이 왜 오셨냐며… 웃음기 하나 없는 선생님과의 상담 이후로 방문 상담이 꺼려집니다."

"형식적인 상담을 하고자 어렵게 찾아뵙는 건 아닙니다. 제대로 관찰하셔서 진정성 있는 상담을 해 주시면 좋겠습니다."

"아무 준비 없이 앉아 계시지 말고 기본적으로 아이에 대한 교사의 생각을 준비해서 상담에 임해 주셨으면 좋겠다."

"아이에 대해서 아직 잘 파악되지 않았으면 솔직하게 이야기해 주시길. 그냥 '다 잘해요. 잘 지내요.'는 도움이 되지 않고 오히려 학부모인 저나 우리 아이를 귀찮아 하시는 건 아닌가 싶은 생각에 마음이 불편했어요."

"학부모도 상담을 하러 갈 때 긴장되는데 선생님도 같이 긴장을 하시면 더 상담이 힘들어지는 듯합니다."

"선생님이 불편하게 해서가 아니라… 학교에 상담을 가는 것 자체가 부담인 것 같습니다. 선생님들께서 분위기를 편안하게 이끌어 주시면 좋을 것 같습니다."

"아이들에게 관심 있으신 선생님은 아이의 장단점을 정확히 알고 계시는데 어떤 선생님은 튀는 아이들 외에는 관심이 없으신 것 같습니다. 어떤 담임 선생님은 상담 일정을 잡는 데만 관심을 두고 아이 성향도 제대로 파악 못하시고 상담을 진행하시는 선생님도 있었습니다. 평소에 아이들에게 관심을 가지시면 준비를 덜하더라도 학부모들과 원활한 상담을 하실 수 있으실 것 같다는 생각을 해 보았습니다. 담임 선생님에 따라 많이 달라지는 것 같아요."

학부모가 상담을 와서 들어 줄 수 없는 것을 무작정 요구한다든지, 기본적인 예의에 벗어난 질문을 한다든지, 나이가 어리다고 무시하거나 예의 없는 태도를 보이면 교사는 억울하고 화나고 짜증스러운 것이 사실이다. 이런 이유로 교사 입장에서는 학부모 상담이 어렵게 느껴진다. 그렇다면 학부모는 학부모 상담을 어떻게 느끼고 있을까? 학부모 상담에서 학부모가 어떤 지점을 불편해하고 부담스럽게 여기는지 살펴보면 학부모 상담에 대한 부담을 줄일 수 있는 단서를 찾을 수 있다. 학부모 대상 설문을 통해, 학부모가 느끼는 불편한 사례를 정리해 보면 다음과 같다.

첫 번째, 사소하지만 치명적인 몇 가지 실수가 학부모 상담을 어렵게 만든다.

학부모 상담 기간에 담임교사는 많은 학부모를 맞이하고, 그러다 보면 본의 아니게 사무적으로 대하거나 상대를 고려하지 않는 인사를 무심코 하게 된다. 기대, 설렘, 걱정, 불안을 모두 갖고 교실에 들어선 학부모에게 "안 오셔도 되는데……."라는 말은 시작부터 학부모와의 관계를 어긋나게 만들 수 있다. 이렇듯 사소하지만 치명적인 실수가 학부모 상담을 어렵게 만든다.

두 번째, 진정성이 결여된 말은 상담을 불편하게 한다.

"학교에 찾아갔을 때 선생님께서 좋은 말씀은 해 주시긴 하지만, 뭔가 와닿진 않았어요. 좋다, 잘한다 하시긴 했지만… 뭐랄까… 그냥 이 시간이 빨리 끝나기만을 바라는 느낌이 드니 괜히 왔다 싶더라고요."

학부모 상담에 관한 설문 중 한 주관식 문항에 대한 답변이다.

교사가 생각하기에 대부분의 학부모는 듣기 좋은 말을 원하는 것 같지만, 위에서 보듯 학부모는 학생을 위하는 진심이 담긴 '진정성'을 원한다. 듣기 좋은 말을 하면 관계가 훼손되는 파국적인 상황을 피할 수 있어서 안정적이지만, 진솔함이 보장되지 않는다면 학부모와의 관계가 소원해지고 신뢰도는 떨어질 수밖에 없을 것이다. 학부모 상담에서 반드시 필요한 것은 바로 학생의 성장을 위한 '진정성'임을 기억하자.

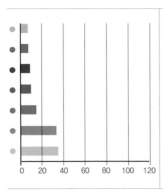

6. 학부모 상담 중 불편했거나 속상했다면 무엇 때문일까요?(항목별 중복 투표 가능)
- 문제를 사무적으로 처리하려는 교사의 태도 (98명, 36.3%)
- 상담 준비가 너무 안 되어 있는 듯한 느낌 (94명, 35.6%)
- 학부모 감정을 생각하지 않는 교사의 말하기 (44명, 16%)
- 일방적으로 배정된 시간 또는 일정 (35명, 13%)
- 상담 주제와 관련 없는 이야기의 반복 (20명, 7%)
- 자녀에 대한 지나치게 적나라한 평가 (19명, 7%)
- 상하 관계 자리 배치 등 딱딱한 분위기 (18명, 3%)

상담을 시작하고 나서의 학부모 마음은 어떨까?

상담 중 불편했거나 속상했던 이유를 묻는 질문에 '문제를 사무적으로 처리하려는 교사의 태도'와, '상담 준비가 너무 안 되어 있는 듯한 느낌' 등 교사의 무성의한 상담 태도가 학부모가 상담 시 가장 불편함을 유발하는 요인으로 꼽혔다. 그 외에 '학부모의 감정을 생각하지 않는 교사의 말하기'가 16%, '일방적으로 배정된 상담 시간 또는 일정'이 13%로 나와 교사의 태도와 일방적인 상담 시스템 문제가 학부모가 상담에서 불편함을 느끼게 하는 주요 원인임을 알 수 있었다. '자녀에 대한 적나라한 평가'는 7%로 생각보다 높지 않아 교사가 상담 시 최우선으로 노력해야 하는 부분은 상담을 위한 준비와 진솔한 태도임을 알 수 있다. 학부모 상담을 불편하게 하는, 사소하지만 치명적인 실수들을 하지 않도록 의식적으로 노력할 때마다 의미 있는 학부모 상담이 이루어질 확률이 높아질 것이다.

만약 학부모 상담을 할 때 불쾌하고 화가 나고 짜증나는 경험을 가지고 있다면 그 원인을 생각해 보자. 여러 가지 원인이 있겠지만 결국 학부모가 담임교사의 존재를 존중하지 않아서 오는 문제로 귀결되는 경우가 많다. 이 설문에서는 질문의 방향만 달리 한 것이다.

문제 해결에서의 원칙만 되뇌인다든지 핵심에 접근하지 않는 시간 때우기라든지, 미리 준비 없이 상담을 한다는 것은 결국 상대가 처한 상황에 대한 배려나 이해가 없다는 것을 뜻한다.

학부모를 대하는 태도 '존중', '진정성'과 '성실함'이 중요하다.

사람과 사람이 만나는 모든 장면에서 관계의 질을 결정하는 것에 예외 없이 적용되는 아주 단순하지만 어려운 것, 바로 진정성이 문제의

원인과 답이라고 할 수 있다. 그 진정성을 바탕으로 성실성까지 뒷받침
된다면 더욱 깊이 있는 관계를 맺을 것이다. 또한 기본적으로 상대를
존중하는 예의를 보인다면 학부모 상담에서 교사의 말과 행동은 더 큰
신뢰감을 구축할 수 있다.

Part 3

학부모 상담 기술, 이것만 알아 두자

1. 학부모 상담, 어떻게 접근해야 할까?

평소 준비물을 잊고 안 가져오거나, 가져온 준비물도 잃어버리기를 반복하던 학생이 있었다. 몇 번 달래 보기도 하고 주의도 주었지만, 나아질 기색이 보이지 않는다. 학부모님께 전화를 드려 볼까 몇 번이나 망설이던 차에 마침 상담 주간이 되었다. 학부모 상담 시에 이 부분을 꼭 짚어 봐야겠다고 마음 먹었다.

드디어 다가온 학부모 상담. 해당 학부모와 가볍고 사소한 이야기로 대화를 이어 가다가, 학생의 학습 준비에 대한 이야기를 꺼냈다.

"아이가 준비물을 거의 챙겨 오지 않아요. 몇 번 주의를 주고 알림장도 쓰도록 지도했는데도 나아지지 않아서요. 부모님께서 바쁘시더라도 신경을 써 주셨으면 해요."

학생이 더 나은 학교생활을 하기 위해 학부모는 학생의 행동에 대해 제대로 알고 있어야 한다고 생각했다. 그리고 어느 정도 경각심을 일깨워 주고자 하는 의도도 있었다. 그런데 뜻밖의 반응으로 돌아왔다.

"제가 일이 좀 바빠서 알림장을 신경 못 쓰기는 해요. (한숨을 푹 쉬며) 제가 그렇게 혼내도 말을 안 듣네요. 선생님이 좀 혼내 주세요. 선생님 말씀이라면 들을 것 같아요."

상담이 끝난 후 내내 찜찜했다. 혹시 내가 했던 말이 기분 나쁘셨던 걸까? 그냥 학부모님의 성격이 그런 걸까? 나는 학부모와 학생이 더 나은 학습 준비를 할 수 있도록 협력하는 그림을 상상했는데, 이건 뭔가 예상했던 그림이 아니다. 몇 분 뒤 학부모로부터 문자가 왔다.

"선생님, 아이가 준비물을 못 챙겨 가면 혼내거나 그러지 말아 주세요. 제가 알아서 할게요. 앞으로 선생님 신경 안 쓰이도록 하겠습니다."

아, 이건 뭔가 잘못된 기분이 든다. 대체 뭐가 잘못된 걸까?

'옳은 말'보다 '좋은 말'에 대한 감각을 키우자

동창, 지인들과의 모임에는 사람을 불편하게 만드는 사람이 한두 명씩 있는데, 그중에서도 자주 볼 수 있는 유형이 '탐정형' 인간이다. 이 유형의 사람은 지나간 추억 속에서도 마치 탐정처럼 다른 사람의 잘못된 점과 실수를 꼼꼼하게 찾아내고 기억해 낸다. 그리고 그것을 아무런 거리낌 없이 직접적으로 말해 버린다. 이런 유형의 사람이 이야기를 꺼내기 시작하면 사람들은 흩어지기 바쁘다.

사람들은 대부분 자신의 실수와 허물에 대해 잘 알고 있다. 그리고 상대방이나 주변인들이 그것을 알게 되는 것을 무척이나 두려워하기 때문에, 최대한 그런 상황을 회피하려고 노력한다. 오랫동안 자녀를 양육하고 살아온 학부모 또한 그렇다. 학생을 겨우 몇 달 본 교사보다 자신의 자녀에 대해 당연히 더 잘 알고 있다. 학부모는 자녀가 자주 하는 실수나 허물을 누구보다 잘 알고 있지만, 교사가 그런 점을 단박에 적나라하게 지적하면, 학생 개인을 넘어 학부모 자신에 대한 공격으로 느끼는 것이다.

우리는 흔히 옳은 말을 하는 사람에게 솔직하고 용기 있다고 이야기하며 박수를 보내지만, 어쩐지 내 옆에 가까이 두기는 꺼리는 마음이 있다. 왜냐하면 그 옳음의 잣대를 언제든지 '나'에게 들이댈 수도 있다고 생각하기 때문이다. 그래서 우리는 옳은 사람보다 좋은 사람의 말을(그것이 항상 옳지 않더라도) 더 따르는 경향이 있다. 이를 학부모와 교사의 관계에도 그대로 적용한다면, 교사는 '옳은 말' 이전에 '좋은 말'에 대한 감각을 가져야 한다. 더불어 학교에서의 상담이 학부모와의 작업동맹을 통해 학생의 회복과 성장에 목적을 두어야 한다는 것을 떠올리며 어떤 상황에서도 요점을 부드럽게 끌어내 치유와 성장으로 이끌어 내는 기술이 필요하다. 그것이 바로 상담가로서의 교사 역할이다.

그럼 앞서 이야기한 상황의 문제는 무엇일까?

"아이가 준비물을 거의 챙겨 오지 않아요. 몇 번 주의를 주고 알림장도 쓰게 지도했는데도 나아지지 않아서요. 학부모님께서 바쁘시더라도 신경을 써 주셨으면 해요."

학생이 준비물을 잘 챙겨 오지 않았고, 여러 번 지도해도 나아지지 않았다. 그러니 학부모가 좀 더 신경을 쓰면 나아질 것이라고 이야기했다. 이것은 사실 모두 '옳은 말'이다. 그러나 잘 살펴보면, 마치 교사가 높은 위치에서 학생과 학부모를 같은 선상에 두고 내려다보며 단정적인 평가를 하는 것 같은 인상을 준다. 아이가 준비물을 '거의' 챙겨 오지 않았다는 말에는 아이의 전반적인 행동을 부정적으로 평가하는 뉘앙스가 있고, '나아지지 않는다'라는 말에는 개선의 여지가 불투명하다는 시선이 있으며, '학부모의 바쁨'은 학부모의 잘못을 지적하는 느낌까지 준다.

그렇다면, 이것을 어떻게 '좋은 말'로 바꿀 수 있을까? 자칫 '좋은 말'을 듣기 좋은 말 혹은 아첨하는 말로 오해할 수도 있다. 그러나 학부모 상담에서의 '좋은 말'은 듣는 사람, 즉 학부모에게 학생에 대한 교사의 긍정적이고도 공정한 평가 인식을 가지게 하여, 협력의 의지를 북돋워 주는 말이다.

학생의 문제 행동을 되도록이면 중립적으로 표현하면서 긍정적인 부분을 짚어 내고, 우려스러운 점은 개선을 위한 협력적인 말로 바꾸어 보자.

핵심은, 학부모를 교사와 대등한 협력의 대상으로 바라보며 접근하는 것이다.

학부모들은 교사와 상담 시, 자녀에 대한 무조건적인 칭찬이나 다 잘하고 있으니 걱정 말라는 식의 답변을 굉장히 사무적으로 느끼고, 상담으로써의 가치가 느껴지지 않는다고 이야기한다. 학부모 상담에서 가장 원하는 것이 무엇인지를 학부모에게 질문해 보면, 생각보다 많은 학부모들이 "무조건 좋다고 하지 말고, 솔직하게 이야기해 주세요."라고 답한다. 이는 교사의 방식대로 평가하여 학생에 대해 적나라하게 탈탈 털어 달라는 뜻이 아니다.

학부모도 함께 판단할 수 있도록 학생 관찰 결과 알게 된 정확한 사실들을 공유하고, 파악한 사실을 통해 걱정되는 점과 긍정적으로 기대되는 점을 함께 짚어 주며, 나아가 교사가 학부모에게 실질적으로 실천할 수 있는 방안을 제시할 때 학부모는 안도감을 느낄 것이다.

"아이가 준비물을 일주일에 2~3번 정도는 깜빡하거나 잊는 일이 있는 것 같아요.(정확한 사실관계 확인) 준비물이 없으면 자신도 그렇지만 주변 친구들도 학습에 집중하기 어렵거든요. 학습 준비가 잘 갖추어지면 수업 시간에 집중해 주기 때문에 그 외에 다른 걱정은 없어요.(우려되는 점과 긍정적인 점) 제가 학습 준비를 잘할 수 있도록 하고 싶은데, 학교와 가정에서 아이를 위해 같이 도울 방법은 없을까요?(제안) 학부모님은 어떻게 생각하세요? 혹시 스마트폰 사용이 편하시면 앱을 통해서 알림을 받아 보시면 어떠세요?(조언 및 방안 제시)"

이런 방식을 통해 학부모는 문제를 정확히 인식하면서 문제 해결에 대한 실마리도 함께 얻기 때문에, 교사와 협력하는 동맹으로 상담에 참여한다는 느낌을 받게 될 것이다.

'팩트 폭력'이 아닌, 따뜻한 환대와 성장의 시간을 만들자

앞에서 부정적으로 소개한 직설적인 '옳은 말'이 그래도 가끔은 필요할 때도 있는 거 아닌가 하는 고민이 생길 것이다. 그 어떤 때보다도 학생에 대한 학부모의 정확한 인식이 필요할 때, 학교 폭력 문제와 같은 민감한 사안이 첨예하게 대립할 때에는 어쩌면 '좋은 말'보다 '옳은 말'이 더 명쾌하고 효율적일지도 모른다. 그래서 어쩔 수 없이 상담 내 학생 문제를 다루는 시간을 '옳은 말'의 시간으로 채워야 할 때도 있다. 단 한 가지 반드시 기억해야 할 것은, 상담의 시작과 끝만큼은 반드시 '좋은 말'의 시간으로 채워야 한다는 것이다.

앞서 이야기한 책상 배치와 같이 물리적인 준비만 잘 되어도 교사가 좋은 상담을 할 수 있는 용기가 생기듯이, 상담에서 시작과 끝의 환대와 작업동맹, 협력의 분위기는 학부모가 가정으로 돌아가 학생을 긍정적으로 바라보고 함께 문제 행동을 개선할 의지를 북돋워 준다. 따뜻한 환대는 누구나 쉽게 할 수 있다. 밝은 미소와 온화한 말투, 수고로움을 감수하고 시간 내어 찾아온 학부모에 대한 고마움을 표현하는 것은 어려운 일이 아니다.

자녀의 문제 행동 해결을 위해 학부모가 상담을 하러 오는 게 당연한 것이 아니냐고 반문할지도 모르겠다. 아쉬운 사람은 학부모라는 생각인 것이다. 그러나 학생의 문제 행동이나 고민은 다른 학생들에게, 또 교육과정 운영에도 중요한 영향을 미치므로 학부모와 교사는 언제나 동맹의 시각을 유지해야 한다. 만약 학부모가 '나 몰라라' 한다면 가장 난처하고 아쉬운 사람은 교사이기 때문이다.

환대의 말과 편안한 분위기는 상담의 시작을 부드럽게 만들고, 혹여 문제 상황에 대해 언급할 때라 해도 감정적으로 격해지거나 혼란스러워질 수 있는 상황을 완화시켜 주는 역할을 할 것이다. 기업과 단체 등에서 세미나, 워크숍을 할 때 시작 전 반드시 '아이스 브레이킹' 시간을 가지는 것도 같은 원리이다.

교사는 수많은 경험을 통해 1년 중 3월, 일주일 중 월요일, 하루 중 첫 시간이 전체 학급 생활에 얼마나 큰 영향을 주는지 이미 알고 있다. 마찬가지로 학부모 상담의 첫 만남 또한 중요하다. 상담의 첫 만남을 따뜻한 환대로 시작했다면, 다음 대화의 가능성을 열어 언제나 교사는 준비되어 있고, 대화할 수 있다는 믿음을 주는 것으로 상담을 마무리하자. 그로 인한 혜택은 반드시 교사에게 돌아온다는 것을 기억하자. 교사도 학부모와의 상담을 통해 학생을 더 많이 이해하고 문제 해결에 대한 실마리를 얻었음에 고마움을 표현하고, 작업동맹자로서의 든든함과 신뢰감을 주어 학부모도 교사의 교육에 도움을 주는 사람임을 인식시키는 것이다.

환대는 작업동맹자간 긍정적인 감정의 교류이며, 문제를 해결하는 첫 단추가 될 것이다.

환대의 말, 이것만은 조심하자

교사의 예상과 다르게, 생각보다 많은 학부모들이 학교에 가는 것이 두려우며 걱정될 때가 있다고 말한다. 그 이유는 바로 자녀에 대한 부정적인 평가를 들을지도 모른다는 불안감 때문이라고 한다. 이미 자녀의 문제에 대해서 잘 알고 있기에 고민이 많은 학부모의 입장에서는 해마다 반복적으로 부정적인 평가를 듣는 것이 부담스러울 뿐 아니라, 대부분의 문제를 혼자서 해결해야 한다는 압박감도 있을 것이다. 그럼에도 불구하고, 상담을 위해 학부모가 교사를 찾아오는 것은 진지한 대화를 통해 자녀 훈육에 대한 용기와 교사의 조언을 얻기 위해서이다. 비록 자녀에게 아무런 문제가 없더라도 말이다. 따뜻한 환대의 말이 왜 중요한지는 앞서 이야기했다. 따뜻한 환대의 말이라면 어떤 것이든 좋다. 다만, 이 말만큼은 꼭 피해야 한다.

"아유, ○○이는 아무런 문제가 없는데, 상담을 신청하셨어요?"

실제로 학교에서 아무런 문제가 없는 학생이고, 학부모가 그저 칭찬만 듣고 싶어서 신청한 상담이라 해도 학부모에게는 의미가 있다. 자신이 훈육의 방향을 제대로 잡고 있는지, 아이가 정말로 잘하고 있는 건지 감정적으로 흔들릴 때, 교사와의 상담이 큰 용기를 주기 때문이다. 그런데 위의 말은 시작하기도 전에 앞으로의 상담 시간을 가치가 없는 것으로 만들어 버린다. 학부모 입장에서는 문제가 없는 학생의 상담이기에 교사가 아무런 준비를 하지 않았다는 인상을 받을 수 있고, 기껏 시간을 내서 찾아온 것이 별 의미 없다는 말처럼 들리기도 한다.

학부모는 아무 이유 없이 학교를 방문하지 않는다. 혹시 학생의 학교생활 전반을 칭찬하기 위해 의례적으로 꺼낸 말이라면, 차라리 실제로 잘하고 있는 점을 구체적으로 언급하는 것이 좋다. 아니면 정말 교사가 학생에게 아무런 문제를 느끼지 못한 것이라면, 호기심을 가지고 학부모에게 솔직하게 이야기하는 것이 좋다. "저는 학생에게 특별히 문제가 있다고 느끼지 못했는데, 알려 주실 수 있나요?"라고 말이다. 상담은 누가 더 많이 알고, 솔루션을 제공하는가의 경쟁이 아니라 학생의 문제를 해결하기 위한 공동체 모임이기 때문이다.

"문제없이 잘하고 있지? 엄마는 너를 믿는다!"

언뜻 들으면 자녀를 격려하고 용기를 주는 말 같다. 그러나 이 문장에는 무서운 점이 있다. 문제가 있고, 없고를 이미 부모가 판단해 버렸다는 점이다. 만약, 소심한 성격의 학생이라면 실제로 문제를 가지고 있거나, 예상치 못한 문제가 생겨도 부모의 기대를 저버릴까 봐 쉽게 꺼내지 못할 것이다.

상담에서도 마찬가지다. 교사가 학생은 완벽하고 문제가 없다고 판단하면, 학부모는 자녀에 대해 나누고자 했던 고민과 문제들을 꺼내기 어려울 수도 있다. 괜히 먼저 문제를 꺼내서 교사가 가지고 있는 자녀에 대한 좋은 이미지를 망치는 거 아닐까 하는 걱정이 생기면서 주저하게 되는 것이다. 혹은 '선생님이 우리 아이에 대해 별로 관심이 없으시구나.' 라고 생각할지도 모른다.

이외에도 '학부모분을 닮아서 예쁘다(혹은 잘 생겼다.)' 등의 외모와 관련된 칭찬이나 나이나 목소리, 옷차림에 대한 상투적이면서 의례적인 환대의 말은 피하는 것이 좋다. 학부모 상담 설문(○○페이지)에서도 볼 수 있듯이, 학부모가 상담을 위해 학교를 방문하기 꺼려 하고 두려워하는 이유 가운데 '옷차림과 외모 준비에 대한 걱정'이 있다는 것을 알 수 있다. 최근 들어 인권과 사생활 보호에 대한 요구가 높아지고 있으며, 학생을 지도하는 교사라면 더욱 이 부분을 예민하게 생각해야 한다. 개인의 예민한 부분이나 사생활을 언급하여 낯을 붉히거나 마음이 상한 상태로 상담을 시작하는 것은 첫걸음부터 스텝이 꼬이는 꼴이 된다.

학부모와 협력하기 위한 '좋은 말'로 상담 접근하기

1. 평가가 아닌 객관적 관찰 결과를 서로 공유하기
2. 우려스러운 부분과 긍정적인 부분을 서로 공유하기
3. 지시나 명령이 아닌 제안으로 접근하기
4. 교사의 철학과 판단이 담긴 조언, 방안 제시하기

따뜻한 환대로 시작하는 상담

1. **학부모의 수고로움에 고마움을 표현한다.**
   - 학부모의 방문에는 언제나 이유가 있다.

2. **환대는 작업동맹자 간 긍정적 감정의 공유이다.**

3. **'문제가 없는데 왜 상담을 신청했는가?'라는 말은 칭찬이 아니다.**
   - 사무적이고 준비가 안 된 느낌을 준다.
   - 뒤에 이어질 상담을 무가치하게 만든다.

4. **인권과 사생활 보호에 예민한 감각을 키워라.**
   - 외모나 나이, 옷차림에 대한 칭찬은 적절하지 않다.

2. 공허한 상담을 막는 핵심 기술 ①_욕구 파악, 지금 여기

학부모는 쉴 새 없이 말을 쏟아 내고 있다. 친정 이야기부터, 결혼 전에 있었던 시시콜콜한 에피소드, 그리고 지금 아이의 발달사까지 계속 이야기한다. 그냥 이야기를 듣는 거라고 생각하면 재미있긴 한데, 아무리 생각해도 이게 상담이 맞나 하는 생각이 든다.

"어머, 말하다 보니, 옛날 생각이 나서요. 제가 별 얘기를 다 했네요."
"네, 재미있게 잘 들었어요."

주어진 시간이 다 되어 감을 알아차렸을 때, 정작 아이의 이야기는 제대로 하지 못했다는 것을 깨달았다. 학부모와 인사를 하고 난 후 자리에 앉으면서 나도 모르게 한숨이 터져 나온다.

'학부모는 뭘 원했을까? 아이의 이야기보다 자신의 이야기를 들어 주기

를 원했던 걸까? 아이에 대해서 뭔가를 말하고 싶었던 것은 아니었을까? 나에게 어떤 솔루션을 원하지 않았을까?'

잘 들어 주기만 해도 된다고 생각했는데, 잘 들어 주고 공감한다고 해서 만족스러운 상담이 되는 것 같지는 않다.

상담에 대한 공부를 할 때는 내담자의 이야기를 잘 들어 주고, 공감해 주는 것만으로도 대부분의 문제가 해결되고, 해결책 또한 내담자 스스로 찾아낸다고 들었다.

그런데 학부모 상담에서는 무엇이 문제였을까? 열심히 했는데, 남는 게 없다. 대화는 정말 열심히 했지만, 상담인지 잡담인지 경계가 모호하다.

이제는 제대로 된 학부모 상담을 하고 싶다. 학부모의 요구도 잘 파악하고, 완벽하지는 않더라도 학생의 문제를 해결할 수 있는 실마리를 잡고 싶다. 그리고 무엇보다 짧은 시간 안에 밀도 있는 상담을 진행하고 싶다.

학부모에게도 나에게도 의미 있는 상담, 어떻게 하면 할 수 있을까?

상담이 공허해지는 이유

아이의 학교생활 이야기로 시작된 상담이 어느 순간부터 주제를 잃은 채 이런저런 잡담으로 흐를 때가 있다. 상담의 주제와 목적에서 벗어난 대화를 하다 보면, 심리적으로 지칠 뿐 아니라 상담에 대한 자신감과 효능감도 떨어진다. 사실 적당히 시간을 떼우고자 한다면, 이런저런 이야기로 시간을 보내는 것도 나쁘지는 않을 것이다. 상담 내용에 집중하기보다 가볍게 일상적인 이야기를 나누다 보면 큰 부담 없이 편안하게 상담을 마칠 수 있기 때문이다. 그러나 이런 식의 상담이 계속되면 상담의 질이 떨어지고 학부모와 교사 사이에 협력적 관계를 구축하는 것은 점점 먼 이야기가 되어 버린다. 상담 분위기가 불편하거나 무겁지 않았다 하더라도, 뭔가 공허한 느낌이 들기 시작하면 교사로서의 역할을 제대로 못했다는 생각이 들어 괴로워진다. 결국 교사, 학부모 모두에게 손해가 되는 상담이 되고 만다. 상담의 목적과 주제가 희미해지고 상담이 잡담처럼 이어지게 되는 근본적인 이유는 무엇일까?

상담이 잡담처럼 되는 이유

1. 학부모나 교사의 본래 대화 스타일일 때
2. 학부모가 상담 주제를 피하고 싶을 때 (회피, 학부모 불안)
3. 상담의 목적이 불분명하거나 목적을 잃어버렸을 때
4. 교사가 상담 주제에 대해 자신 없을 때 (회피, 교사 불안)

대화가 공허해지는 것은 대화를 나누면서 불안하기 때문에 비난받지 않을 안전한 말만 사용하기 때문이다. 혹은 대화의 목적을 잃어버리거나 대화 주제에 대해서 자신이 없다는 뜻이기도 하다. 이는 학부모 상담도 마찬가지이다.

앞서 Part 1에서 언급했던 '회피 동기'의 영향 때문이다. 상담을 통해서 관계가 훼손되거나 불편해지는 것을 피하고자 하는 동기가 강하게 작용하는 것이다. 그렇다면 이런 상황을 어떻게 극복할 수 있을까?

상담 내용에 대한 수용적인 태도

회피 동기는 우리 머릿속에서 가시적으로 보이는 논리 구조가 아니다. 특정 상황을 맞닥뜨리는 순간 느끼는 무의식적인 방어의 결과로 볼 수 있다. 즉 상담을 하면서 상대가 나를 이해하지 못하거나, 나쁘게 평가하거나, 관계가 나빠질 수 있을지 모른다는 생각이 작용한다. 이는 말하는 사람의 삶 속에서 형성된 태도일 수도 있고, 특정 상황에서만 나타나는 방어 작용일 수도 있다.

내가 한 말을 상대가 비난하거나 부정적으로 받아들일 수도 있겠다 싶으면, 당연히 상담의 주제로 들어가기가 주저될 수밖에 없을 것이다. 따라서 학부모 상담에 등장하는 주제나 이야기 내용에 대해 교사가 '평가적 관점'을 가지고 있지 않음을 학부모에게 전달해야 한다. 학부모가 이야기하는 어떤 내용도 비난받지 않음을 느끼게 하는 교사의 태도가 중요한 것이다. 이런 태도는 열린 마음으로 공동의 목표, 즉 작업동맹을 형성하고 문제를 함께 해결한다는 신념을 지닐 때, 말과 행동에서 자연스럽게 드러난다.

'이야기 내용'보다 '말하는 의도와 욕구' 파악

이야기 내용의 사실관계를 따져 그 자체에 몰입하는 것보다는 '무슨 의도로 말했을까? 어떤 욕구로 말했을까?'를 떠올려 보면 상담 목표에 더 가까이 다가갈 수 있다. 대화의 목적이 사라지고 배가 점점 산으로 가는 느낌이 들 때, 상담인지 잡담인지 구별되지 않을 때, 목이 아플 정도로 말하고 귀에 못이 박히도록 들었는데 공허할 때.

이 모든 상황의 공통점은 이야기 '내용'에만 과도하게 집중했을 때 벌어지는 일이라는 것이다.

예를 들어, "작년에 우리 아이가 공부를 정말 잘했는데 그것 때문에 친구들에게 시기 질투를 받아서 많이 힘들었어요. 그때 아이가 얼마나 힘들었는지, 학교도 가고 싶지 않다고 하고, 울고불고 난리도 아니었어요. 올해는 그래도 선생님 덕분에 아이가 학교가 재미있다고 해요. 공부도 재미있다고 하고요. 그런데 또 한편으로는 공부가 힘들다고 짜증도 내고…… 그런데요, 선생님. 애들 관계가 다 그렇죠?"라고 말하는 학부모가 있다고 하자. 이 말 속에서 알 수 있는 학생에 대한 정보는 다음과 같이 정리할 수 있다.

위의 예에서 학부모가 장황하게 늘어놓은 학생 정보는 무려 9가지나 된다. 이런 다양한 정보를 접할 때 많은 교사들이 이야기 내용, 즉 사실 관계에 집착하여 되묻고, 다시 듣고 맞는지 확인하다 보면 꼬리에 꼬리를 무는 스토리가 등장할 가능성이 커진다. 작년에서 멈추지 않고 2년 전, 3년 전, 심지어는 유치원 시절까지 거슬러 올라가는 상황이 생길 수도 있다. 이런 이야기의 봇물이 터졌을 때 교사가 '잘 들어야 한다'는 생각에 이야기를 적절히 끊어 내지 못하고 '의무적으로 듣기만' 한다면 아이의 역사 스토리를 다 듣게 되는 상황에 놓인다. 시간과 마음의 여유가 많아 다 들어 준다면 좋겠지만, 현실적으로 그럴 여유도 없을 뿐더러 큰 의미도 없다.

교사가 아이의 생애를 전부 다루기에는 상담 시간이 한정되어 있고, 특별한 경우가 아닌 이상 주어진 시간을 훌쩍 넘기는 것은 교사를 피로하고 지치게 만들기 때문이다.

학부모는 왜 이렇게 많은 정보를 쏟아낼까? 대체 무엇이 그렇게 만드는 걸까?

길어지는 아이의 역사, 복잡한 사건 스토리, 상담의 목적을 상실한 대화가 오고 간다는 판단이 들면, 내용을 듣지 말고 학부모의 욕구, 즉 교사인 나에게 바라는 것이 무엇인지를 생각해 보자. 즉 '이 이야기를 왜 나에게 하지?'라고 생각하면 파악하기가 좀 더 쉬워진다.

앞의 예에서 집중할 정보는 다음과 같이 한 줄로 요약할 수 있다.

"올해 선생님 덕분에 아이가 공부는 재미있어 하나 공부 방법을 잘 몰라 힘들다며 집에서 짜증을 낸다."

이렇게 한 줄로 요약한 다음 학부모가 말하는 내용을 다시 정리해 보면 그 의도를 크게 3가지로 추릴 수 있다.

① "올해 아이와 저는 선생님에게 호감을 갖고 있습니다."

② "아이가 올해 공부를 더 잘했으면 하는데, 제가 어떻게 해야 하는지 구체적인 방법을 잘 모르겠습니다. 가정에서의 지도법을 알려 주세요."

③ "학교에서도 아이 학습지도를 더 잘 부탁드립니다."

핵심은 이 세 가지 의도와 욕구이다. 결론적으로 학부모가 이야기하고 싶은 것은 가정에서의 학습지도 방법을 알려 달라는 것과 학교에서 학습지도에 더 신경을 써 달라는 요구일 것이다. 그러나 학부모는 이 이야기가 수용될까 하는 불안감, 아이가 학교생활을 잘 못하고 있는데 이런 요구까지 해서 아이에 대한 교사의 평가가 나빠지지는 않을까 하는 걱정 등이 뒤섞여 과거의 학교생활이나 친구관계 등 불필요하게 너무 많은 정보들을 쏟아내는 것이다.

학부모 상담 시 학부모의 감정 이면에 숨은 내용이나 의도를 읽지 못하면 교사가 당황하거나 상처받는 상황이 생길 수 있다. 예를 들어

무심코 한 말에 울먹이는 학부모, 교사는 잘 알지 못하는 일인데 버럭 화부터 내는 학부모를 만난다면 무척 난감하고 당황스럽다.

인간은 감정의 동물이다. 그것도 흐르는 강물처럼 매순간 달라지는 감정을 종잡을 수가 없다. 우리는 어릴 적부터 감정에 대해 어떤 가치가 있다고 배워 왔다. 자신의 감정을 말할 때 '좋아', '싫어'와 같은 선호 여부 혹은 상황에 대한 평가적 단어를 감정을 표현하는 단어와 혼용하기도 했다. 이런 이유로 불쾌 감정(화, 분노, 슬픔)을 마주하는 것에 매우 부정적이다. 그러나 우리는 누구나 상황에 따라 자연스럽게 감정을 느끼고 표현할 수 있다는 사실을 인정해야 한다. 또 어떤 누구도 자신의 감정을 표현하는 것이 잘못된 일이 아님을 받아들여야 한다. 감정의 주인은 자기 자신이기 때문이다.

감정은 그 속에 말하고자 하는 욕구를 담고 있다.

모든 감정은 고유의 기능을 한다. 화, 분노 감정은 표현되지 못한 욕구의 표현을 돕고, 슬픈 감정은 생각을 차분하게 하며, 행복 감정은 마음을 이완시키는 기능을 한다. 우리는 감정 그 자체에 몰입할 수도 있지만 감정의 안쪽에 있는 가려진 욕구, 바람 등을 파악할 수도 있다.

학부모가 화를 내는 경우, 그 표면 감정만 보고 화를 냈다는 사실만 기억할 수 있다. 그러면 교사는 억울하거나 화가 날 것이다. 혹은 두렵거나 불안해질 수도 있다. 반면, 표면 감정 안에 가려진 욕구를 생각해 본다면 오히려 감정의 기능을 잘 활용하게 된다. 무엇을 표현하고자 하는 '화'인지, 화 감정 안쪽에 깊숙이 자리 잡은 심층 욕구는 무엇인지 살펴보고 그것에 반응한다면 그 화는 금방 사라질 것이다. 따라서 학부모의 감정 표현에 당황하기 전에 그 감정은 어떤 기능을 하고 있는지 생각해 보자. 그리고 무엇을 말하고자 하는지 그 욕구에 반응해 보자.

만약 학부모로부터 "선생님, 우리 아이가 작년에는 이러지 않았어요!"라는 말을 들으면 교사 입장에서는 '올해 나 때문에 이렇게 되었다는 말인가?'라고 생각하게 될 것이다. 그러면서 억울한 감정과 화가 뒤따라올 것이다. 작년 담임과 올해 담임을 비교하여 교사의 마음에 생채기를 내며, 교사로서 무척 힘이 빠지게 만드는 말이기 때문이다. 이 학부모의 감정은 뭔가 화가 나고 억울한 것을 말하고 있다. 그런데 이 학부모가 정말 말하고자 하는 심층 욕구, 이 감정이 말하고자 하는 표현되지 못한 진짜 마음은 무엇일까?

"우리 아이, 알고 보면 괜찮은 아이입니다. 우리 아이도 잘할 수 있습니다."

대부분의 학부모가 말하는 메시지, 속마음, 감정 표현의 결론은 바로 우리 아이도 알고 보면 괜찮은 아이이고, 잘할 수 있는 아이라는 것이다. 또 학부모 상담에 와서 하는 이야기의 최종 결론이기도 하다. 우리는 그 감정의 겉 표면에 집중하기보다 진짜 하고 싶은 말, 그 속뜻에 집중할 필요가 있다. 그래야 교사가 불필요하게 상처받지 않고, 깊이 있는 대화를 이어 나갈 수 있으며 그래야 상담의 목표에 한발 더 다가갈 수 있다.

'지금 여기'에 집중하기

만약 학부모가 계속 과거의 스토리만 장황하게 늘어놓고, 지금 하고 싶은 말에 집중하지 못한다면 학부모에게 '지금 여기'를 떠올리게 해야 한다. 왜냐하면 학부모가 아이의 과거 모습에서 벗어나지 못해, 현재의 모습을 제대로 보지 못한다면 대화는 계속 과거 속에만 멈춰 있게 되고, 상담을 공허하고 비효율적으로 만들기 때문이다.

'과거'는 '현재' 시점의 평가일 뿐이다. '미래' 시점에서는 다른 해석이 가능하다.

인간은 과거-현재-미래의 연속선상에서 자신의 생활 장면을 평가하려는 습성이 있다. 그래서 과거의 삶과 이야기에 묶여 있어 현재를 왜곡해서 해석하고, 미래에 대한 막연함에 압도되어 두려워하거나 불안해 하는 경우가 있다. 불안은 불안을 잉태하여 더 큰 불안으로 현재의 삶을 훼방 놓는다. 이때 우리가 할 수 있는 것은 '지금 여기'에 집중해서 현재를 정확하게 이해하고 무엇을 실행할 것인가를 판단하는 것이다. 이것이 최고의 방법이다.

앞의 예를 다시 떠올려 보자.

"작년에 우리 아이가 공부를 정말 잘했는데 그것 때문에 친구들에게 시기 질투를 받아서 많이 힘들었어요. 그때 아이가 얼마나 힘들었는지, 학교도 가고 싶지 않다고 하고, 울고불고 난리도 아니었어요. 올해는 그래도 선생님 덕분에 아이가 학교가 재미있다고 해요. 공부도 재미있다고 하고요. 그런데 또 한편으로는 공부가 힘들다고 짜증도 내고…… 그런데요, 선생님. 애들 관계가 다 그렇죠?"

여기서 학부모의 '지금 여기'는 어디에 설명되어 있을까? 가장 마지막 문장에 기술되어 있다고 생각하겠지만, 사실 문장 속에 학부모의 '지금 여기'는 표현되어 있지 않고 숨어 있다. 이럴 때에는 질문을 통해 숨어 있는 것을 상기시켜 보자.

'지금 여기'를 점검하는 질문

* 지금 바라는 점이 무엇인가요?,
* 지금 어떤 마음(감정)이 느껴지시나요?
* 지금부터 우리가 무엇을 할 수 있을까요?
* 지금 어떤 점을 말씀하고 싶으신가요?
* 지금 어떤 도움이 필요하신가요?

위의 질문들을 대화 속에서 구체적으로 적용해 보자.

"지금 학부모님께서 바라는 점은 무엇인가요?",

"예전에는 마음이 무척 불편하셨겠어요. 지금 그리고 앞으로 어떤 점을 함께 노력해 볼까요?"

"제가 어떤 도움을 드리면 될까요?"

이와 같은 말로 길게 이어지는 대화를 간략하게 압축할 수 있을 것이다.

학부모, 교사가 상담 중에 '지금 여기'의 원칙을 잊어버리면 이런 일이 흔히 생긴다. 학부모와 교사가 '지금 여기'에서 '무엇을 느끼고, 원하고, 할 수 있는가?'를 생각하고 점검하면 대화를 보다 효과적으로 할 수 있다. 또한 '지금 여기'에 집중하면 보다 쉽게 '말하는 이의 의도, 욕구'를 파악할 수 있다.

다만, 상담에서 자주 활용되는 '지금 여기'를 점검하는 말을 할 때 주의할 점이 하나 있다. 질문은 상대방의 감정을 충분히 느끼고 공감한 이후에 해야 한다는 것이다. 학부모의 감정이나 내면을 이해하지 못한 상태로 '지금 여기'를 점검하는 말을 한다면 학부모는 '선생님이 내 말에는 관심이 없구나!'라는 생각을 할 수도 있다. 이는 마치 내가 신이 나서 무엇인가를 한참 말했는데, 상대방이 건조한 말투로 "그래서, 지금 뭘 어떻게 할 거야?"라고 하는 것처럼 무안을 느낄 수도 있기 때문이다. 따라서 이런 점검의 질문들을 구사할 때에는 학부모의 심정, 마음이 제대로 느껴졌을 때 해야 한다.

이야기에서 느껴지는 학부모의 의도와 욕구, '지금 여기'에 집중하자.

학부모의 바람, 의도, 욕구 파악하기, '지금 여기'를 점검하는 질문

* **언 제** : 요점 없이 대화가 길어질 때 활용하기
* **주요 증상** : 몇 가지 주제가 한꺼번에 등장함, 주제가 자꾸 쉽게 바뀜, 이야기가 지루해짐, 상담의 목적이 사라짐, 과거(옛날) 이야기가 반복됨, 결론을 알 수 없음.
* **어떻게** : 1. 학부모의 의도가 무엇일까 생각하며 듣기
2. 학부모의 바라는 바가 무엇인지 파악하며 듣기
3. 학부모의 감정이 느껴지면 확인하듯 질문하기
* **효과** : 상담의 주제에 집중할 수 있음, 공허한 상담을 방지함.

3. 깊이 있는 상담으로 이끄는 핵심 기술 ②_경공반명

나는 학부모의 이야기를 놓치지 않고 듣고 있는 중이다. 그런데 무엇이 잘못되었는지 모르지만 자꾸 이야기가 겉도는 것 같다.

이야기의 양은 많으나 핵심적인 내용은 다 빠진 것 같고 계속 다람쥐 쳇바퀴 도는 듯한 분위기가 계속되니, 나도 슬슬 뭔가 이야기해야 할 것 같은 부담도 느껴진다. 무엇인가 나올 듯 나올 듯 나오지 않는 이야기는 나와 학부모 모두를 지치게 만들고 있다.

'상담은 듣기만 잘해도 된다던데, 열심히 듣고 있는 나는 왜 뭔가 잘 안 되는 것 같지?'
'나는 상담에 소질이 없는 건가?'

"선생님, 우리 아이가 학교생활을 잘하고 있는 것 같기도 하고, 아닌 것 같기도 하고……."
"네, 제가 보기에 문제는 없어요. 잘 지내는 것 같아요."

"작년에는 친구 문제 때문에 힘들었거든요. 학교 가기 싫다는 말도 종종 하고 아침마다 아이를 달래느라고 저도 힘들어요. 수업 시간에는 잘 듣나요?"
"학교에서는 아이들과 잘 지내요. 잘 웃고, 수업도 잘 들어요."

'학부모님은 나를 믿지 못하는 것일까?'

이런 생각이 들 때쯤 학부모는 뭔가 말할까 말까 하는 얼굴로 질문하기를 멈춘다. 어쩌다 보니 비슷한 질문에 비슷한 대답을 하고 있으니, '내가 뭘 잘못했나?' 하는 생각이 든다.

학부모 상담은 왜 이리 힘들고 어려운 걸까, 원망스럽기까지 하다.

학부모와 대화는 하고 있지만 자꾸 빙글빙글 도는 느낌이 든다.

겉도는 대화, 무엇이 문제일까

학부모 상담에서 자꾸만 겉도는 이야기는 주제를 벗어난 대화만큼이나 교사를 지치게 만들고 상담에 대한 의욕을 꺾어 버린다. 가뜩이나 긴장되어 온 신경을 집중하고 있는 학부모 상담이 잘 안 된다고 생각하니, 나중에는 상담을 서둘러 마무리해 버리고 싶은 마음이 든다. 지금까지 잘 형성해 왔던 라포나 작업동맹도 느슨해지고, 결과적으로 안 하느니보다 못한 상담 결과를 가져올 확률이 높다.

상담에서의 대화는 일상 대화와 그 결이 다르다. 분명한 목적과 주제를 갖고 함께 탐색하는 과정인 것이다. 따라서 대화를 이어 갈 때 말하는 이(학부모)는 조심스럽다. 상대(담임교사)가 날 어떻게 평가하고 이해할지 불안하고, 잘못 이야기해서 혹시 오해를 받지는 않을지 조심스럽다.

학부모가 어떤 말을 하더라도 교사가 귀 기울여 잘 들어 주고, 학부모의 생각이 수용되고 있다는 것을 느낀다면, 이야기하는 데 망설임이 없고, 조심하다 못해 안전한 말만 할 필요가 없을 것이다. 따라서 교사는 학부모가 이런 인식을 하게끔 듣기를 해 주는 것이 중요하다. 이런 듣기는 모든 대화의 기본으로, '경청' 또는 '적극적 경청'이라고 한다.

경청은 효과적인 상담을 이끄는 마중물이다.

경청은 대화의 초기 단계에서 상대방에게 어떤 말을 해도 다 들어 줄 거라는 신뢰감을 준다. 실제 심리 상담에서도 상담자는 경청하는 능력을 갖추기 위해 많은 훈련과 의식적인 노력을 한다. 경청, 적극적인 듣기는 상대방을 편안한 감정으로 이끄는 동시에 숨은 욕구, 의도, 바람, 감정 등을 표현할 수 있게 도와주기 때문에 효과적인 상담을 위한 필수 요소이다.

경청의 첫걸음은 '목적 있는' 듣기

귀는 우리의 의지와 관계없이 수많은 소리와 소음을 듣는다. 24시간 동안 쉴 새 없이 뇌로 청각 정보가 공급되기 때문에 일정한 패턴을 지니거나 익숙하다고 여겨지는 것을 뇌는 새롭게 기억하지 않는다. 따라서 의식적인 노력을 하지 않으면 들으면서도 들리지 않는 상황에 놓인다. 이런 이유로 경청은 쉬워 보이지만, 막상 제대로 하기는 어렵다. 따라서 경청을 잘하려면 '목적 있는 듣기'를 해야 한다. 듣는 목적이 분명하면 경청의 수준도 높아지기 때문이다.

학부모 상담 시 목적 있는 듣기를 하기 위해서는 학부모의 이야기 속에서 무엇을 들을 것인지 떠올리며, 이야기 속에 포함되어 있는 다양한 정보들도 함께 들어야 한다. 어떤 것에 주의를 기울여 듣는가에 따라 그 수준이 결정되는데, 간단히 정리하면 다음과 같다.

* 1수준 : '소리' 자체만 듣는 것이다. 주의 집중을 한 상태가 아니기

때문에 자연스러운 소리만 들리는 것이다. 사실 이 수준은 경청이라고 볼 수 없다. 이 단계는 상대방도 금방 눈치를 챘다. '말소리'만 듣고 있는 경우라면, 마주한 상대가 불쾌하거나 서운할 수 있는 듣기이다. 이 것은 'Listening'이 아닌 'hearing'이라고 할 수 있으며 눈을 마주치지 않고 듣는 경우가 많다.

　* 2수준 : '소리'와 '의미'를 함께 듣는 것이다. 상대방의 말과 그 말이 내포하는 의미를 함께 생각하며 듣는 것으로, 상대방의 말을 이해하는 수준이라고 할 수 있다. 일상 대화에서 흔히 쓰는 듣기의 수준이다.

　* 3수준 : '소리', '의미'와 더불어 상대의 말속에서 '깊은 감정'까지 느끼는 수준이다. 상대가 말하는 표면 감정뿐만 아니라 그 내면에 있는 깊은 감정까지 궁금해 하고 귀 기울여서 듣는 것이다. 듣는 이의 감정을 잠시 멈추고 말하는 이의 감정에 귀 기울여야 느낄 수 있는 듣기 수준이며, 학부모 상담 시 교사가 해야 하는 경청은 바로 이 3수준의 듣기부터 해야 한다고 볼 수 있다.

　* 4수준 : '소리', '의미', '깊은 감정'과 함께 말하는 이의 '바람(욕구)'까지 듣는 수준이다. 오롯이 듣는 수준으로 상대의 감정과 바람(욕구)를 이해하는 것이 아니라, 어떤 마음에서 이런 바람(욕구)가 생겨났을까 궁금해 하며 듣는 수준이다. 이 단계의 경청은 차분하게 들어 주는 것만으로도 말하는 이가 듣는 이를 신뢰하며, 경청 자체가 경청으로 자연스럽게 이어진다. 이 수준의 경청을 하고 있다면 상대방은 지지받는 느낌을 갖는다. 이는 치유적 효과를 지닌 수준 높은 경청이라고 할 수 있다.

　경청傾聽. 마음의 귀로 상대의 마음을 보는 것이다.

적극적 경청은 반응이 중요하다

적극적 경청이란 이야기를 들으면서 상대의 말에 반응하는 것이다. 적극적 경청을 하는 이유는 내가 상대의 마음, 의도, 욕구, 감정 등을 더 정확하게 이해하기 위함이다. 또한 적극적 경청을 통해 상대가 좀 더 쉽게 자신의 속마음을 말할 수 있도록 촉진하려는 목적도 있다. 그렇다면 어떻게 해야 상대가 속마음을 편하게 말할 수 있을까? 그것은 듣는 사람의 반응이나 태도에 따라 결정된다.

내가 어떻게 듣고 있는지 반응하는 것은 일종의 표현이면서, 비언어적인 메시지를 전달하는 것이기 때문에, 반응하는 방식도 고려해야 한다. 상대방은 내가 어떻게 이해하는지 전혀 알 수가 없다. 내가 반응하는 말의 내용, 나의 표정, 행동, 태도 등을 통해서 상대방도 나의 경청 수준을 느낄 뿐이다. 학부모 상담 시, 효과적인 경청 방법을 소개하면 다음과 같다.

1) 눈으로 듣기 : 학부모와 눈을 마주치며 듣는 방법이다. 눈을 마주치는 것은 대화의 기본이다. 나보다 나이가 많은 학부모와 대화하거나, 내 감정 상태가 불안하거나 불편할 때 자꾸 눈을 피하게 되는데, 눈을 마주치지 않고 피한다면 상대는 내가 불안하거나 불편해 한다고 생각할 수 있다. 따라서 학부모 상담을 할 때에는 학부모와 눈을 마주친 상태에서 이야기를 듣도록 노력하자.

2) 표정으로 듣기 : 말하는 사람 입장에서 가장 먼저 접하는 시각 정보는 듣는 사람의 표정이다. 학부모는 열심히 말하고 있는데, 듣고 있는 교사가 무표정하거나 냉소적인 표정을 짓는다면 학부모는 더 이상 하고 싶은 말을 편하게 할 수 없게 된다. 때에 따라서는 무시당하는 느낌이 들 수도 있다. 따라서 대화 속에서 눈을 마주치고, 고개를 끄덕이는 반응, 그리고 상대의 감정이 느껴질 때 함께 표정으로 호응하는 것이 필요하다. 표정으로 듣는 것은 상대방이 가질 수 있는 경계심을 허물고 대화의 주제에 몰입하게 만드는 첫 단계가 된다.

3) 입으로 듣기 : 귀로 듣는 내용을 소리로 표현하는 듣기이다. 학부모가 말하는 내용들에 대해서 적절한 말로 반응을 하는 방법이다. 대화 중간중간에 "그러셨군요.", "네, 속상하셨겠어요.", "저도 속상하네요."와 같이 상대에게서 느껴지는 감정과 정서에 대해 이해하고 있음을 짤막한 말로 표현하고, 나의 감정을 짧게 표현하는 방법이다. 입으로 듣기란 말을 가로막지 않을 정도의 표현으로, 일종의 '추임새'라고 보면 된다. 입으로 듣기를 하면 학부모는 교사로부터 자신의 감정을 수용 받는 느낌을 가지게 되어, 보다 진솔한 대화를 이끌 수 있다.

4) 마음으로 듣기 : 대화 속에 숨어 있는 감정들을 눈, 표정, 입으로 듣고 느끼면서, 상대의 감정과 나의 감정을 함께 들어 보는 것이다. 나와 학부모의 마음(감정, 정서, 욕구)이 어떤지 모니터링을 하며 듣는 방법으로, 경청을 잘하면 자연스럽게 공감으로 이어진다. 이 단계부터의 듣기는 적극적 경청을 넘어선 '공감sympathy'이라고 할 수 있다. 공

감은 학부모와의 작업동맹을 튼튼히 하고 신뢰 관계를 공고히 구축하며 대화 속에서 위로, 격려, 지지를 하는 것과 같은 효과를 지닌다.

연습할수록 익숙해지는 '경청'

경청의 수준과 방법을 알고 일상 대화에서 조금씩 연습을 하면, 처음에는 어렵다가 자연스러운 경청이 가능해진다. 한 번, 두 번이 어색하고 어려울 뿐, 연습을 하면 할수록 익숙해지는 것이 바로 '경청'이다.

1) 아이들을 대상으로 연습하기
우선 교실에서 아이들과 대화할 때 적극적 경청을 연습해 본다. 각 단계의 의미와 내용을 모두 기억하지 못하더라도 경청 수준에 따라 아이들의 반응이 어떻게 달라지는지 알아차리고 느끼는 것이 필요하다. 학급의 아이들과 대화할 때 경청 연습을 한다면 교사는 보다 여유로운 상태에서 경청의 수준과 단계를 익힐 수 있다. 학생들 입장에서는 선생님께서 잘 들어 주시니, 학생 상담에도 도움이 된다. 표정과 감정을 잘 표현하는 학생들은 교사가 경청을 연습하는 데 훌륭한 대화 상대라고 할 수 있다.

2) 친구, 동료 교사를 대상으로 연습하기
친한 친구나 동료 교사와 대화하면서 눈으로 듣기, 표정으로 듣기, 마음으로 듣기를 연습해 보자. 마음이 맞는 친구나 동료 교사에 대한 적극적인 경청은 그리 어렵지 않을 것이다. 그때의 대화를 복기해 보면 대화에 자신이 몰입하고 있음을 알 수 있다.

3) 일상에서 연습하기

나와 친한 관계가 아닌 일상의 다른 대상에 대해서 적극적 경청을 연습해 보는 것도 효과적이다. 학부모와 연배가 비슷한 다른 분들과의 대화 속에서 시도를 해 보는 것도 괜찮다. 처음 시도하는 것이 어색하고 어렵게 느껴질 수 있지만 결국 그런 시도와 연습 속에서 경청을 잘하는 방법을 몸으로 체득할 수 있다.

나는 이미 적극적 경청과 공감을 활용하고 있음을 기억하자.

경청의 단계가 있고, 내용을 알고 나니 더 복잡하게 느낄 수도 있다. 그러나 우리 모두는 이미 경청과 공감을 일상에서 활용하고 있다. 단지 특정한 목적을 가진 상대와의 대화에서 공감의 의미를 세분화시켜서 그 각각의 의미를 떠올려 보지 않았을 뿐이다.

누구나 자신이 사랑하는 사람, 좋아하는 사람, 존경하는 사람, 도와주고 싶은 사람, 마음이 편한 사람, 친한 사람이 있을 것이다. 대부분 이런 상대와의 대화는 어려워하지 않는다. 척하면 척인 경우가 많기 때문에 대부분의 대화가 즐거울 것이다. 이렇게 자신에게 의미 있는 사람들과의 대화를 잘 생각해 보면 표정, 말투, 반응 등에서 적극적 경청을 하고 있고, 또한 그만큼의 신뢰 관계를 형성하고 있다는 것을 알 수 있다. 이는 나에게 이미 적극적 경청을 할 수 있는 역량이 있음을 뜻한다. 내가 가진 경청 역량을 믿어 보자. 일상에서 이미 사용하고 있는 적극적 경청이다. 이제는 깊이 있는 학부모 상담을 위해, 교사인 자신을 위해, 학급의 학생들을 위해 활용해 보자.

공감을 '공감답게' 하기

"학부모와 대화할 때 다 공감했는데 왜 그렇지요? 나를 못 믿는 것 같아요."

공감이란 무엇일까? 사전적 의미는 잠시 접어 두고 생각해 보자.

많은 사람들은 자신이 공감을 한다고 생각하는데, 오히려 상대는 변화가 없는 경우가 많다. 상담을 전문적으로 배우고 익히는 상담자들이 가장 처음으로 배우는 것이 바로 '경청'과 '공감'이다. 그런데 상담을 할수록 어렵다고 하는 것도 '공감'이다. 공감이란 상대방과 내가 한마음이 되는 것만을 뜻하지는 않는다. 정확히 말하면 그것은 '동감', 즉 상대와 나의 마음이 정확하게 일치하는 것이다. 서로 다른 얼굴과 마음을 가진 사람의 마음이 하나가 되면 그것만큼 좋은 것이 어디 있을까? 그러나 일치되는 순간은 짧고 그것을 지속하기 어려운 것이 바로 사람의 마음이다. 또한 완벽하게 일치한 마음, 동감은 상대와 나를 불안하게 한다. 왜냐하면 본능적으로 그것이 불완전하다는 것을 알기 때문이다. 그럼에도 불구하고 동감이 상담에서 의미를 지니는 이유는, 동감이 공감을 하기 위해 거쳐야 할 과정인 경우가 많기 때문이다.

사람은 기본적으로 각자의 고유한 감정과 정서를 지니고 있다. 따라서 동감을 하더라도 그 지속 시간이 짧고, 동감 속에 오랫동안 함께 했다면 그것은 본인의 감정과 정서를 상대에게 일치시키기 위해 많은 심리적 에너지를 사용했다는 것을 뜻하므로, 심리적 소진이 생길 수밖에 없다.

공감은 상대의 마음과 내 마음의 교집합이라고 생각할 수 있다. 상대의 마음과 내 마음이 만나는 그 지점이 넓게 형성될수록 상호 신뢰가 높아진다. 상대의 감정과 내 감정이 서로 만나는 지점을 찾는 것, 그리고 분명하게 다른 지점을 인식하는 것이 바로 '공감'이다. 그렇게 따로 또 같이 하나의 이슈를 심정적으로 살펴보는 것이 공감이다. 서로 다름을 인식함에도 불구하고 일치하는 감정과 마음이 있음을 확인하여 라포와 작업동맹을 공고히 하는 것이 공감이다. 이때의 공감은 공허하지 않으며, 강력한 힘을 지닌다.

공감을 한다는 것은 내가 판단하는 것이 아니라 상대가 느끼는 것이다.

상대를 비추는 거울이 되는 '반영'

"선생님이 잘 몰라서 그래요. 우리 아이가 얼마나 착한데요!"

갑자기 학부모의 얼굴이 붉어지고 목소리가 떨리기 시작하면서 한참 동안 순조롭게 진행되던 학부모 상담에 순간 긴장감이 흐른다. 학부모의 떨림은 곧바로 교사의 떨림이 되고 그 전까지 했던 상담은 순식간에 위축되며 교사의 자신감도 급격하게 떨어진다.

"네, 저도 그렇게 생각해요. 그런데……."

어설프게 변명 아닌 변명을 해 봐도 학부모는 곧 냉담한 반응을 보인다.

"그런데 선생님께서는 어떻게 그렇게 생각하실 수가 있죠?"

학부모 상담의 시작이 화기애애하고 좋은 분위기였다가, 본론으로 들어가려는 순간 이런 상황을 마주하게 되면 무척 당황스럽다. 이럴 때는 상대의 거울이 되어 주는 '반영'을 활용하자.

반영이란 상대방의 말과 감정, 그 안에 담긴 의미를 포착하고 이를 표현하는 것이다. 학부모에게서 느낀 지금 현재의 모습을 반영할 수도 있고, 교사가 해석한 학부모의 생각, 감정, 태도를 반영할 수도 있다. 또 감정에 대한 표현, 비언어적 메시지, 행동, 태도 등을 반영하기도 한다.

그럼 왜 반영을 해야 할까? 반영은 어떤 효과가 있을까?

반영은 상대의 감정을 비춰 줌으로써 대화를 조금 더 깊게 이끌고, 압축적으로 요약할 수 있다. 불쑥 꺼내기 어려운 내용들을 말하고자 할 때, 반영은 상대로 하여금 지금 자신의 상태를 되돌아볼 수 있게 하고 수용할 수 있게 한다. 또 자신의 감정을 명료하게 파악할 수 있는 기회를 제공한다. 자신의 화난 감정, 서운한 감정, 억울한 감정 등을 상대의 모습에서 비춰 주면 보다 객관화하여 자신을 바라볼 수 있다. 따라서 위의 사례처럼 본인의 감정 상태를 잘 알아차리지 못할 때, 화난 얼굴로 즐겁다고 말할 때처럼 표정과 감정이 불일치될 때, 상대방이 무엇을 말하려는지 모를 때, 감정 변화가 감지되었을 때 반영을 활용한다.

반영을 활용할 때는 크게 두 가지 목적을 지녀야 한다.

첫째, 지금의 감정, 표현, 태도를 정확하게 인식하기 위한 목적이다. 이는 대화가 상담의 목적과 일치하고 있는지 확인할 수 있는 의식의 환기를 가져온다. 학부모 상담에서 학부모와 교사가 대화 속에서 현재 어떤 감정을 가지고 있는지 살펴볼 수 있다.

둘째, 상대방의 마음이 잘 수용되고 있다는 것을 인식시키고 상대방이 이야기한 것을 듣는 이가 정확하게 이해하고 있는지 점검하기 위한 것이다.

상대를 이해하기 위해 깨끗한 거울이 되어 주는 것, 반영

반영은 내가 거울이 되어야 할 수 있다. 누구나 상황을 판단하는 기본적인 신념, 가치관, 생각, 감정 등이 있는데, 이러한 것들이 투영된 상태에서 반영을 한다면 상대의 모습을 정확하게 비춰 주기 어렵다. 따라서 반영을 할 때에는 내가 가진 다양한 생각들을 잠시 미루고 상대를 무조건적으로 수용하면서 반영을 해야 효과적이다.

예를 들어 학부모가 "선생님, 우리 아이를 친구들이 자꾸 괴롭히는 것 같아서 걱정이에요."라고 말했다면, 걱정과 관련되어 느껴지는 것만

반영해야 한다. 간혹, 교사 자신의 감정이 투영된 반응을 보인다면 그것은 반영이 아니다.

"아이가 괴롭힘을 당하는 것 같아서 제가 못 미더우신가 봐요?"라고 반영했다면 이것은 엄밀히 반영이라고 할 수 없다. (상담 과정에 따라 이런 표현도 효과적일 수 있지만 반영이라기보다는 학부모가 교사를 얼마나 신뢰하는지 확인하는 질문에 가깝다.) 다시 제대로 반영한다면 "아이가 괴롭힘을 당하는 것 같아 많이 걱정되시나 봐요?"라고 말할 수 있다.

반영을 할 때는 수용적으로 하되, 경청을 통해 공감적으로 반영해야 한다. 즉 앞서 언급한 경청, 공감의 느낌으로 잔잔히 반영을 하는 것이 보다 효과적이고 안전하다. 이런 점을 고려하지 않고 반영했을 때는 상대방이 오해를 할 수도 있다. 진솔한 태도로 자신의 감정과 표현을 일치시킬 때 반영의 목적을 달성할 수 있다.

상담의 대화를 명확하게 해 주는 '명료화'

경청, 공감, 반영의 의미가 마음속에 와닿았다면, 이제는 대화 속에서 명확하게 문제를 파악하여 문제 해결을 돕는 '명료화'를 활용할 수 있다. 명료화는 상대의 말 속에 있는 속뜻을 요약하여, 상대방에게 다시 전달하는 방법이다. 이는 상대방이 의도하는 속뜻을 있는 그대로 전달하는 것뿐만 아니라, 내 생각과 의견을 함께 덧붙여서 전달하는 것을 뜻한다. 명료화를 할 때에는 언어적 표현, 비언어적 표현(동작, 표정, 말투, 어조, 성량, 태도)를 종합하여 해야 한다. 학부모의 표현 속에 나타난 감정이나 생각, 혹은 암시적으로 표현된 부분까지 고려하여, 그 부분을 분명히 드러내 주어 학부모가 미처 자각하지 못한 내용들도 함께 명료화하는 것을 목적으로 한다.

학부모 상담 중에 교사와 학부모의 특수한 관계 때문에 애매모호한 표현들이 등장할 때가 많다. 분명하게 말하는 것보다 상대적으로 말실수를 줄일 수 있기 때문에, 습관적 혹은 의도적으로 애매모호한 표현을 사용하게 되는 것이다. 이런 대화 패턴은 실수를 줄일 수 있다는 면에서는 안정적이지만, 이런 모호성은 상담에 도움이 되지 않는다. 또한 모호성은 심리적 저항을 뜻하기도 하므로 대화를 주고받을 때 공통된 접점의 인식을 방해하기도 한다.

경청, 공감, 반영을 거친 명료화는 학부모와의 작업동맹을 공고히 하고 문제 해결의 실마리를 찾게 해 준다.

"선생님, 우리 아이가 집에서 공부를 너무 안 해요. 학교에서 있던 일도 말을 안 하고요. 집에서도 안하는데 학교에서도 마찬가지겠죠?"

이 학부모의 말을 명료화한다면, "아이의 학교생활이 궁금하시군요?"라고 말할 수 있다. 무엇을 어디까지 명료화해야 할지 잘 가늠이 되지 않는다면, 잘 들리는 내용, 내가 답할 수 있는 내용, 함께 고민해 보고 싶은 내용을 우선 듣고 명료화시키며 하나씩 대화해 가는 것이 효과적이다. 들린 것까지 명료화하여 듣는 사람에게 다시 확인하면 그 다음의 대화 실마리가 열리기 마련이다.

명료화란 작업동맹을 근간으로, 문제 해결의 실마리를 제안하는 표현 방법이다.

상담에 대한 인상은 어떻게 판단되나?
- 메러비안 법칙

캘리포니아 대학 심리학자 알버트 메러비안에 의하면 대화 속에서 상대방에게 내용을 이해시키는 데 있어서 목소리는 38%, 표정 30%, 태도 20%, 몸짓 5%의 영향을 주고, 말의 내용은 7%의 영향력을 가지고 있다고 한다.

바꿔서 이야기하면 시각적인 요소가 55%, 청각적인 요소는 38%, 말의 내용은 7% 영향력을 주는 것이다.

따라서 학부모 상담에서도 효과적인 대화를 위해 표정, 몸짓, 안정된 목소리, 듣는 자세 등을 점검하고 연습할 필요가 있다.

또 이를 적용하여 학부모의 표정, 몸짓, 목소리, 태도에서 느껴지는 정보와 이야기의 내용 정보를 함께 비교하며 듣는다면 보다 효과적인 경청과 공감을 할 수 있다.

4. 학부모를 이해하면 상담이 쉬워진다

동료 교사들과 상담에 대한 고민을 털어놓고 나누다 보니, 이야기가 흘러 흘러 각자 경험했던, 조금은 당황스러웠던 사례에 대한 이야기까지 하게 된다. 각기 다른 학교, 다른 학년을 맡았지만 모두 비슷한 경험을 한 적이 있다는 것이 재미있다. 그리고 직접 경험하지 않았는데도 격하게 공감하며 걱정을 한다.

"제가 경력이 적은 걸 학부모가 아는 데서 오는 불안감이 좀 있어요. 저 스스로도 경력이 적은 데 대한 위축감이 좀 들고요. 그래서 사실 아이들하고 더 잘 지내려고 노력하죠. 그런데 막상 학부모가 '선생님께서 아직 경력이 적으셔서' 혹은 '결혼이나 육아의 경험이 없어서'라고 직접 대놓고 이야기하시면 상당히 당황스러워요. 그 말이 틀린 말은 아닌데도, 왜 군이 그런 말을 하시는지 정말 모르겠더라고요."

"저는 반대로, '선생님이 잘하신다고 들었어요. 선생님만 믿습니다.'라는 말을 학부모로부터 들으면, 일단 감사하긴 한데, 한편으로는 걱정되는 마음도 커요. 왠지 조금이라도 잘못되면 모든 게 제 책임이 될 것 같아서요."

"사실, 이게 학부모 상담 주간에 몰아서 하다 보면 진짜 진이 빠지거든요. 그래서 보통 20~30분 정도 하는데 어떤 분하고는 2시간 넘게 상담한 적이 있었어요. 그때는 정말 집에 가자마자 씻지도 못하고 뻗어 버렸어요. 학부모님 탓은 안 해요. 제가 방향을 잘 잡았음 되었을 텐데……."

학부모의 교사에 대한 불신에서 오는 무시, 혹은 학부모가 모든 것을 교사에게 전적으로 의존하는 상황에 대한 경험은 교사라면 누구나 겪게 되는 모양이다. 어떤 상황은 직접 경험해 본 것도 있지만, 어떤 것은 이야기로만 들었지 아직 경험해 보지는 못했다. 이런 상황에서는 어떻게 상담을 해야 할까? 어떻게 하면 효과적인 상담이 될 수 있을까?

이렇게 무작정 걱정만 하고 있는 게 옳은 걸까?

교사를 힘들게 하는 학부모 유형

사람은 각기 다른 개성을 가진 존재이지만, 문화와 관습에 의해 정형화된 사고와 언어, 행동 양식을 가지게 되면서 비슷한 모습을 보인다. 상담 기술의 많은 부분이 공감과 경청을 기본으로 하는 까닭은, 인간에게는 기본적으로 자신의 존재를 인정받고 드러내고 싶은 성향이 있기 때문이다. 그러나 그것을 어떻게 '나답게' 표현하고 드러낼지는 각자에게 달려 있다.

교사는 다양한 학생을 만나면서 독특한 개성과 존재감의 표현 방식을 경험한다. 그러나 학부모는 어떤가? 학부모도 다양한 모습으로 있을 텐데, 교사의 머릿속에는 정형화된 학부모 모습을 떠올리기 쉽다. 교사의 말에 귀 기울여 주고, 자신의 의견을 내기보다는 주로 들으면서 고개를 끄덕이는 공손한 학부모의 모습을 떠올리게 된다. 하지만 그렇게 단순하게 생각했다가 낭패를 보는 경우가 있다.

교사의 조언을 무시해서 협의가 단절되는 경우, 또는 그와 반대로 전적으로 교사에게만 의존하는 경우, 상담의 본질을 벗어나 이야기의 방향이 계속 산만해지는 경우가 있다. 이런 상황은 모두 상담의 목적인 '작업동맹'의 방향을 해치는 일이다. 교사가 '지금 무엇인가 잘못되어 가고 있다.'고 느꼈을 때 상황을 스스로 분석하고 목적에 맞는 대화와 문장으로 방향 조정을 할 수 있어야 한다. 학생을 위한 정확한 작업동맹, 효율적인 시간 사용, 그리고 모두의 목 건강을 위해서도 꼭 필요한 일이다.

저경력 교사들이 상담 전 두려움을 가지는 큰 이유 중의 하나는 육아의 경험이나 교육의 경험이 상대적으로 학부모보다 적기 때문이다. 그런데다 상담 진행 중 "아직 경력이 짧으셔서……", "아이를 아직 키워 보지 않으셔서……." 혹은 (자녀가 있는 교사에게) "아이가 아직 학교를 안 다녀서……"와 같은 말을 듣게 되면, 주눅이 들거나 상담을 통한 문제 해결의 의지가 꺾여 버릴 것이다. 교사를 힘들게 하는 학부모는 대체로 어떤 일정한 특성을 지닐까? 객관적으로 수집하고 관찰한 '상담의 진행을 어렵게 하는' 학부모의 유형은 크게 3가지 정도로 나눌 수 있다.

교사의 이야기를 듣지 못하는 학부모

첫 번째, 교사가 하는 이야기를 잘 듣지 못하는 학부모가 있다.

이 패턴을 지닌 학부모는 상대의 이야기를 들을 생각이 있어도 체질적으로 잘 들리지 않는 경우다. 자신의 지위나 인맥을 과시하거나, 주제와 상관없이 산만한 경우에 해당한다. 이 유형의 경우에는 학부모가 가진 감정과 정서를 파악해야 한다. 과시하는 학부모는 자신이 좀 더 크게 보이려는 욕구가 있다. 왜 이런 욕구를 가지게 되었을까?

교실에서 일어나는 일의 가장 근본적이고 효과적인 해결사는 교사이다. 그럼에도 불구하고 어떤 문제가 생겼을 때 교육청에 아는 사람이 있다, 학교 교장이나 교감을 잘 안다는 식으로 말하는 학부모가 있다.

이는 담임교사와 대면하여 설득할 자신이 없다는 것을 방증한다. 혹여 외부적인 압력을 이용해 학부모가 원하는 대로 담임교사를 움직였더라도 아이에게는 전혀 도움이 되지 않을 것인데, 그것을 살펴볼 여유가 없는 경우이다. 한편 이런 이야기, 저런 이야기를 종잡을 수 없이 하는 학부모의 경우에는 본인도 모르게 긴장하거나 불안한 경우일 가능성이 있다.

과시형 학부모나 산만형 학부모에게는 깊은 공감이 필요하다. 공감은 부족한 자신감과 불안을 극복할 용기를 전달하기 때문이다. 사실 교사가 전문 상담자가 아니기에 이러한 기술적인 공감이 어려울 수도 있다. 만약 이런 패턴을 지닌 학부모를 만난다면 상담 주제로 빨리 들어가기보다는, 조금 더 경청해 주고 한 박자 느리게 들어가도 된다. 이러한 학부모의 경우, 어차피 하고 싶은 말을 다 하지 않으면 들을 준비가 안 되는 경우가 많기 때문이다.

"선생님, 제 사촌 동생이 교육청 장학사고요. 저희 집안이 대대로 교사를 하다가 교장 정년퇴임한 집안이에요."와 같이 이야기를 한다면, "네, 자랑스러우시겠어요."와 같이 일단 학부모가 말하고 싶은 것에 대해서 진심으로 반응해 준다. 그래야 본론으로 매끄럽게 들어가 이야기 나눌 수 있다. 만약 여기서 "그것이 지금 학부모 상담과 무슨 상관인가요?"라고 말한다면 속은 시원할지 몰라도, 관계가 금방 깨져 버려 이 학부모와는 작업동맹을 유지할 수가 없다.

더 깊이 있는 경청과 공감을 통해 들을 준비를 만들어 준다.

관점의 차이를 인정하지 않는 학부모

두 번째, 학생을 바라보는 관점의 차이를 인정하지 않는 학부모 유형이 있다. 이런 경우 학부모가 '내 자녀는 내가 잘 안다.'는 생각으로 교사가 가진 다른 관점을 '자녀에 대한 정보가 부족해서 혹은 오해해서'라거나 '교사가 자녀에 대해 부정적인 생각을 가지고 있어서'라고 판단하는 것이다. 이런 유형의 학부모는 교류 분석 상담에서 언급하는 '비판적 부모 자아 유형'을 가진 경우가 많다. 이런 유형의 학부모는 마치 경찰이나 판사처럼 '평가적' 언어를 많이 쓴다. '옳다, 그르다, 나쁘다, 정의롭지 않다, 틀렸다, 맞다'와 같은 단어들을 쓰기 때문에 이런 유형을 대할 때에는 다소 불편하거나 위압감이 느껴지기도 한다. 이 유형의 경우에는 본의 아니게 무섭고 냉정해 보이며 비판적으로 보인다. 따라서 이런 평가적 단어에 과도하게 신경을 쓰면 교사 스스로 위축될 수 있다.

이런 상황에서는 학부모의 자아가 원래 그렇다는 것을 염두에 두고 학부모가 가진 가치 판단일 뿐이라는 것을 기억하자. 아이를 바라보는 시선 또한 비판적일 수 있기 때문에, 학생의 태도나 자세에서 느껴지는 긍정적인 점과 칭찬할 점을 찾아서 설명해 줄 필요도 있다.

아이의 긍정적인 태도나 자세를 찾아 앞으로 잘될 것을 이야기한다.

교육이나 양육에 관심 없는 학부모

세 번째, 아이의 교육에 관심이 없거나, 양육에 대해서 무관심한 것처럼 보이는 학부모 유형이 있다. 이런 유형의 학부모는 자녀 교육에 대한 동기와 통제감이 많이 떨어져 있는 경우가 많다. 학부모 자신이 어떻게 해야 할지 잘 모르는 상황인 것이다. 게다가 자녀 교육에 대한 자신감도 많이 상실된 경우이다. 이런 유형의 학부모에게 필요한 것은 구체적인 행동 전략이다. 더불어 많은 격려와 지지를 주어야 한다.

"전 잘 몰라요. 선생님께서 알아서 해 주세요."

학부모가 이렇게 이야기한다면, 교사의 입장에서는 가장 쉬운 상담일지도 모른다. 그러나 학생의 문제 해결과 예방을 위한 작업동맹 관계 유지는 매우 중요하다고 했다. 학부모가 교사에게 전적으로 의존하는 것은 교사의 교육적 행위를 전적으로 믿는다는 뜻이기도 하지만, 전적으로 모든 걸 '맡긴다'는 뜻도 된다.

많은 교사가 '문제 해결을 위해서는 가정, 학부모의 적극적인 도움이 필요하다.' 라고 한목소리로 이야기한다. 그러므로 교사는 학부모가 신뢰의 의미로 말하는 '믿으니 알아서 해 달라'는 말의 정확한 의미를 인식하고 대화의 양상을 재정립해야 한다. '믿으니 협력하겠다.'라는 내용으로 말이다.

요즘 맞벌이 가정이 많아 학부모 상담에 부모가 직접 오지 못하는 경우가 종종 있다. 조부모 혹은 친척 등이 양육을 담당하는 경우, 학부모 상담이 조금은 겉치레로 흐르기가 쉽다. 이런 경우 학생에 대한 이해도는 높다 해도, 학부모가 아니므로 사안에 대한 책임감이나 중요성을 다르게 느낄 수 있다.

중요한 것은 학부모가 전적으로 교사에게 의존하여 학부모 상담이 교사 중심으로 흘러가는 것이, 결코 순조로운 양상은 아니라는 것을 교사 스스로 분명하게 인식해야 한다는 점이다. 이후 발생하는 문제에 대한 책임을 온전히 교사에게 넘기는 것이고, 문제 해결을 위한 교사의 노력과 행동의 효율이 절반으로 떨어지는 것이기 때문이다.

학부모 상담은 학생 성장을 목표로 하는 2인 3각이다.

학부모가 교사에게 모든 것을 맡긴다고 한다면?

앞서도 언급했지만, 학부모가 교사에게 믿고 맡긴다는 것은 담임교사를 신뢰하고 있다는 뜻일 것이다. 그러나 이는 학부모가 가정에서 무엇을 어떻게 해야 할지 그 방법을 잘 몰라서 하는 말인 경우도 많다. 양육을 책임지고 있지만 제대로 된 양육 방법을 모르거나, 교사와 협업하는 방법을 모르는 것이다. 아니면 자녀 교육에 대한 심리적 압박감을 덜기 위한 가벼운 농담 같은 진담일 수도 있다. 부모라는 존재는 자녀의 교육에 대해 많은 부담을 안고 있다. 대부분의 학부모가 겉으로 표현하지 않더라도 마음속으로는 이러한 압박의 짐을 지고 있다.

어떤 이유이건, 학부모가 교사에게 모든 것을 믿고 맡긴다고 하더라도, 교사가 학생을 전적으로 책임질 수는 없는 노릇이다. 교사가 노력할 수 있는 영역과 학부모가 노력할 수 있는 영역은 다르다. 학생을 위한 공통의 교육목표를 가질 뿐이지 모든 것을 어느 한쪽에서 전담할 수는 없는 것이다.

그렇다고 '선생님만 믿겠다'는 말에 '안 된다! 공동의 책임이다.'라고 말하면 되는 것일까? 어떻게 해야 할까?

우선 학생의 성장과 발전을 위해 무엇이 필요한지 확인하고, 이를 위해 학교에서뿐 아니라, 가정에서도 노력해야 할 부분이 있다는 점을 명료화시킨다. 이를 위해 다음의 단계를 생각하며 이야기해 보자.

첫째, 교사가 학생의 학교생활을 위해 어떤 것을 할 수 있는지 이야기한다.

상담의 대화를 바탕으로 학생의 학교생활의 발전을 위해 무엇을 할 수 있는지 정리해서 제시한다. 이를 통해 학교생활에서는 담임교사가 최선을 다해 학생을 교육할 것임을 다짐한다.

둘째, 학부모가 가정에서 노력해야 할 점은 무엇이 있을지 정리해서 제시한다.

교사 입장에서 학부모(보호자)가 어떤 것을 지원해 주면 좋을지 미리 정리하여 제시한다. 학교생활을 비관적으로만 생각하는 학생이라면, "아이의 학교생활이 궁금하시다면 즐거운 일부터 물어봐 주셨으면 좋겠어요. 아이가 학교생활을 힘들어 할 경우에는 제가 먼저 연락을 드릴게요."라는 식으로 구체적으로 요구한다.

셋째, 가정에서 해야 할 것 중 학부모가 무엇을 할 수 있는지 물어본다.

학교생활을 비관적으로 생각하는 학생에게 학교에서는 더 많은 칭찬과 격려, 학습에 대한 자신감을 높이기 위한 기초 학습을 배양하도록 노력하고자 한다고 말했다면 가정에서는 이를 뒷받침하거나 더 효과적으로 할 수 있게 무엇을 할 수 있는지 문의한다.

이를 통해 학부모도 학교에서의 생활지도 주안점을 예상해 볼 수 있도록 하며 가정에서 무엇을 할지 생각해 보게 하는 효과가 있다.

넷째, 지금까지의 대화를 정리해서 학생은 어떤 노력을 해야 하는지 명확하게 한다. 상담 말미에 위의 대화를 정리해서 간단히 요약해 줘야 한다.

학부모의 상황을 고려해 보자

자기 아이에 대한 칭찬, 아이에 대한 객관적이면서도 따뜻한 평가, 앞으로 어떻게 양육할 것인가에 대한 정보, 학부모에 대한 지지 등 학부모도 상담을 통해 기대하는 바가 있을 것이다. 학부모가 어떤 기대를 더 많이 하고 있는지 고려해 보는 것은 어떨까? 특히 앞서 언급한 무턱대고 교사에게 기대려고만 하는 학부모의 경우, 어떤 상황에 처해 있는지 살펴볼 필요가 있다.

현실적인 어려움으로 물리적인 시간과 여유가 없는 것인지, 학부모가 양육 소진으로 인하여 격려와 지지가 필요한 것은 아닌지, 인지적인 정보, 절차의 습득, 방법을 제공하면 해결이 되는 것인지 살펴보고 그 중 담임교사가 해 줄 수 있는 것이 무엇인지 정리해 보자.

만약 맞벌이로 아이의 가정생활을 관리하기가 어려운 학부모에게 매일 준비물을 잘 챙겨 달라고만 이야기한다면 학부모는 더 무기력하거나 답답하기만 할 것이다. 이런 상황에서는 담임교사가 일정 부분 더 신경 써서 체크를 하는 대신, 학부모는 가정에서 무엇을 할 것인지 물어봐야 한다. 맞벌이로 바쁘더라도 간단하게라도 노력할 부분을 예로 들어 주는 것도 효과적이다. 아이에게 포스트잇 편지를 남긴다거나, 준비물을 잘 챙겼을 때 칭찬을 해 준다는 것 정도의 도움과 협업을 해야 한다.

사실 이런 경우 교사가 학부모의 역할까지 하게 되는 것인데, 학생 입장에서는 어쩌면 그것이 더 효과적일 수 있다. 이때 학부모가 학생에게 대견하고 자랑스럽다고 칭찬하는 것만으로도 교사를 전폭적으로 지원하는 방법이 될 수 있다.

학교에서는 교사가 학생을 지도하고, 가정에서는 그것에 대한 정서적인 지원을 한다면 훨씬 효율적이다.

이에 앞서 제안했던 경청, 공감, 반영, 명료화를 적용한다면 다음과 같다.

"선생님, 저희 부부가 바빠서 아이들을 돌볼 시간이 없어요. 죄송해요. 선생님께서 잘해 주세요."

"네, 바쁘신 것 때문에 많이 걱정되시는군요?"(경청, 공감, 반영)

"네, 걱정도 되고 아이에게 미안하면서도 자꾸 잔소리만 하게 돼요."

"미안함도 있는데, 잔소리를 하지 않고 보다 효과적인 방법을 찾으시는가 봐요."(명료화)

"네, 어떻게 해야 할지 모르겠어요."

"그럼 제가 아이의 준비물이나 숙제 부분은 좀 더 세심하게 살펴보고 확인해 볼게요."(담임교사가 할 수 있는 사항 제시)

"감사합니다."

"학부모님께서 도와주셔야 하는 부분이 있어요. 예를 들어 알림장을 확인해 보시고 포스트잇으로 아이 책상 위에 써서 놓아 둔다든지 하는 것입니다."(학부모가 할 수 있는 행동 전략 제시)

경청, 공감, 반영, 명료화 등으로 학부모의 신뢰를 얻고 구체적인 행동 방안을 함께 제안한다면 더욱 효과적인 학부모 상담이 될 것이다.

경·공·반·명을 통해 마음을 나누고
가정에서 할 일을 제시함으로써 실제적인 효과를 거두자.

학부모 상담이 본질을 벗어날 때

학부모 상담이라고 해서 학생에 대한 이야기만 할 수는 없는 노릇이다. 상담 대화라고 해서 항상 본질만 추구하기는 어렵다. 심리적으로 편하게 이야기할 수 있는 상대, 신뢰할 수 있는 상대라는 판단이 들기 전까지 본질을 파악하기 위한 대화가 어렵기 때문에 '아이스 브레이킹'과 같은 모임 전 활동도 존재하는 것이다. 관계 형성을 위한 관계 지향적인 대화의 방식과 소재는 다양하다. 환대를 통한 마음 열기, 가벼운 생활 이야기, 날씨와 시사, 최근 학생의 에피소드 등 다양한 방식의 관계 지향적인 대화가 오고 간 다음에는 본격적으로 학부모 상담의 목적으로 진입해야 한다. 그러나 가끔 상담 시간은 계속 늘어지고 이야기의 목적이 빗나가거나 혹은 같은 말이 반복되어 상담 전체의 본질을 벗어나는 경우가 있다. 크게 두 가지의 경우로 살펴보자.

첫 번째, 학생에 대한 학부모의 사연, 하소연 혹은 감정 풀이 등이 계속되는 것이다. 학생의 문제를 해결하기 위해서는 당연히 경청하고 공감해야 할 문제가 있다. 학부모의 개인적인 사연, 혹은 학생 환경에 대한 자세한 이해는 반드시 필요하면서도 교사가 숙지해야 하는 부분이다. 그럼에도, 교사는 학부모 개인이 아닌, 공동의 목표인 학생을 상담하는 사람이므로 그 방향을 잃어서는 안 된다. 하지만 이야기가 조금씩 깊어지면서 학부모 개인이나 친척, 혹은 직장이나 주변까지 상담의 영역이 확장되는 경우가 가끔씩 있다. 그렇게 되면 상담 시간은 한도 없이 길어진다. 이런 상황에서 어떤 대화를 해야 할까? 앞서 언급한 효과적인 상담 기술을 활용한 대화를 살펴보자.

-〉"선생님, 제가 너무 아이를 기르기에 힘들어요. 배우자는 아이에

게 무관심하고, 저는 먹고살기 바쁘고요. 저도 하고 싶은 공부가 있는데, 시간도 안 되고. 아이는 게임에만 빠져 있고요. 저는 하루도 쉬는 날이 없어서 좀 억울하기도 하고, 제가 하루에도 몇 번씩 힘들어서 울컥울컥해요."

여기에서 "무슨 일을 하시기에 힘드세요?"와 같은 학부모 정보를 물어보면 사실 관계에만 집착하게 되므로 상담 내용은 더욱 본질을 벗어나게 된다. 따라서 학부모의 말 속에 있는 본질을 파악해서 반영해야 한다.

"아이를 잘 교육하고 싶은 마음이시군요?"(의도와 욕구 파악하기)

"네, 그런데 그게 참 안 돼요."

-〉배가 산으로 갈 뻔한 상담의 방향을 다시 수정하였다.

만약 여기에서 학부모의 감정을 위로해야겠다는 생각이 들면 이렇게 이야기한다.

"마음이 많이 불편하시겠어요."(공감)

"네, 아이들에게 죄책감도 들고, 이렇게 사는 제 자신이 안쓰럽기도 하고요."

-〉공감은 불편한 마음을 진정시키고 다시 상담의 본론으로 돌아올 수 있는 에너지를 준다.

"일단 지금 상황은 아이가 혼자 있는 시간이 관리되지 않아서 오는 문제가 가장 큰 것 같아요.(문제의 핵심) 혼자 있다 보니 게임에만 몰입하는 시간이 늘어나서 아이의 생활에도 악영향을 미치는 듯하고(상황 진단), 부모님께서 억울하기도 하고 죄책감도 들어서 힘드신 것 같아요(반영). 학교와 가정에서 함께 시도해야 할 목표가 생긴 듯해

요."(요약, 명료화)

"네, 선생님. 어떻게 해야 할지 모르겠어요."

"그럼 함께 상의해 볼까요? 우선 지금 부모님이나 제가 무엇을 할 수 있을지 함께 생각해 보는 것은 어떨까요?"(지금 여기)

상담 주제에 따라 준비해야 할 핵심 정보

* **아이가 혼자 있는 시간** : 자기주도 학습 능력 기르기에 관한 정보
* **교우 관계** : 의사소통 기술, 감정 조절법
* **학업** : 학습 동기, 학습 전략, 기초 학습 습관 형성에 관한 정보
* **리더십** : 생활 모습에 관한 에피소드
* **진로** : 초등학생 진로교육에 관한 정보(커리어넷, 각 시도교육청 진로진학정보센터), 진로 발달 단계 안내)
* **학교폭력** : 갈등 상황에 대한 분석, 관련 정보 제공
* **사춘기** : 사춘기 학생에 대한 관찰, 분석, 대처에 관한 고민 공유
* **게임, SNS, 메신저 과다 사용** : 과다 사용을 방지할 수 있는 방법 공유

(문제 상황별 교사가 제공하면 좋을 직접적인 솔루션은 Part4에서 확인)

두 번째, 교사가 학생에 대한 전문적 지식을 풀어놓으면서 어느새 학부모 상담이 훈계 혹은 강의장이 되어 버리는 경우이다. 학부모는 학교에서만큼은 교사가 누구보다 전문성을 가지고 있을 것이라고 믿기에 교사의 말을 잘 경청하는 편이다. 특히, 교사보다 공감과 경청 능력이 뛰어난 학부모를 만나면 교사가 학생에 대한 에피소드와 더불어 전문적 지식을 늘어놓기도 하고, 조금 더 엇나가 자녀가 아닌 다른 학생까지 상담에 등장시켜 비교하기도 한다. 이쯤 되면 상담이 협력적 대화라고 보기 어려운 방향으로 진행된다.

저경력 교사보다는 어느 정도 경력을 가진 교사의 학부모 상담에서 볼 수 있는 현상으로, 학부모 상담의 자신감과 교사로서의 자기효능감이 높아진 시기에 의욕적으로 상담을 하다 보면 이런 문제가 발생한다. 지나친 의욕은 상대를 불편하게 만들 수 있다.

간혹 교사 자신이 중요하게 생각하는 교육 방법이나 교육철학을 강조하면서 학부모에게 일방적으로 자신의 의견에 동조해 주기를 바라는 경우도 있다. 학부모 상담은 학부모 교육 시간이 아니다. 학부모는 교사의 개인적 상황, 전문적 지식, 교사로서의 욕구를 들을 이유가 없다. 그것은 교사가 인정받고자 하는 개인의 욕구일 뿐이다. 다시 말하지만, 학부모 상담은 학생을 중심으로 놓고 함께 고민해야 하는 협력적 관계를 형성하는 데 일차 목표가 있다.

학부모 상담의 본질, 목적, 목표를 떠올리면 이러한 상황을 막을 수 있다.

학부모의 자아 유형을 이해할 수 있는 에릭번의 교류 분석

교류 분석(Transactional Analysis : TA)은 사람은 누구나 3종류의 자아 상태가 있다는 가정 하에 미국 정신과 의사인 에릭번(Eric bern)에 의해 개념화되었다. 교류 분석에서 이야기하는 3종류의 자아는 부모의 자아 : Parent(P), 어른의 자아 : Adult(A), 아이의 자아 : Child(C)를 뜻한다.

부모의 자아(P)는 비판적 부모(Critical Parent : CP), 너그러운 부모(Nurturig Parent: NP)로 나눌 수 있다. 이처럼 개인의 고유의 자아를 CP, NP, A, FC와 같이 전통적인 가족 구성원의 형태로 설명하여 분류하였다. 어른의 자아(A)는 가장 현실적이고 이성적인 자아를 뜻하며, 아이의 자아(C)는 순응하는 아이 자아(Adapted Child: AC)와 자유로운 아이 자아(Free Child : FC)로 나눈다.

예를 들면 비판적 부모 자아(CP)가 높은 사람은 규칙이나 규율, 목표를 중요시하는 장점이 있지만, 자신이나 타인에게 엄격해서 다른 사람이 위압감을 느끼게 된다는 단점이 있다. 너그러운 부모 자아(NP)가 높은 사람은 부드럽고 상냥한 장점이 있지만 타인을 위해 항상 희생하고 봉사하는 경향이 있어 마음이 쉽게 지치고 혼자 끙끙 앓는 경우가 많다. 어른의 자아(A)는 이성적인 생각을 바탕으로 현실에서 객관적인 판단을 내리고 일처리가 깔끔한 한편, 다소 정 없어 보이고 사무적으로 보일 수 있다. 순응하는 아이 자아(AC)는 외부적인 요구 사항에 적절히 반응하고 적응하지만 한편으로는 의존적일 수 있고 수동적일 수도 있다. 자유로운 아이 자아(FC)는 자유분방한 어린아이의 모습과 같은 자아로 창의적이고 직관을 중시하며 항상 재미와 흥미를 추구하지만 한편으로는 눈치 없거나 규칙을 무시하는 것처럼 오해를 받을 수 있다는 점도 있다.

교류 분석에서 이야기하는 자아는 고정불변의 것이 아니라 상황에 따라 그 비율이 달라진다. 예를 들어 학교 관리자와 같은 의사 결정권자 앞에서는 AC(순응하는 어린이 자아)상태로 대하지만 교실로 들어가면 CP(비판적 부모 자아)나 NP(너그러운 부모 자아), A(어른 자아)로 학급 운영을 하기도 하며 또 어떤 상황에서는 FC(자유로운 아이 자아)로 학생들과 눈높이에 맞추어 학생들이 신이 나는 경우도 있다.

나와 앞에 있는 상대가 동일한 자아 상태, 혹은 서로 우호적인 자아 상태(예를 들어 NP와 AC, FC는 서로 우호적이고 호감을 지닌다)일 때 서로에 대한 호감과 신뢰가 증가되는 경향이 있다.

학부모 상담을 할 때 나 자신의 자아 상태는 어떻게 변화하는지, 혹은 내 앞에 앉아 있는 학부모의 자아 상태는 어떤지 살펴보면, 상대를 모르는 것에서 오는 불안감, 오해 등을 줄일 수 있다.

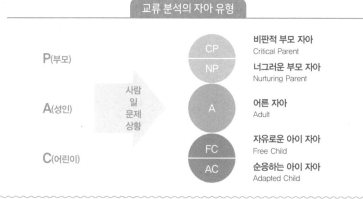

교류 분석의 자아 유형

P(부모)

CP 비판적 부모 자아
Critical Parent

NP 너그러운 부모 자아
Nurturing Parent

사람
일
문제
상황

A(성인)

A 어른 자아
Adult

C(어린이)

FC 자유로운 아이 자아
Free Child

AC 순응하는 아이 자아
Adapted Child

5. 화가 난 학부모와 어떻게 대화해야 할까?

평화로운 오후 3시 50분. 적막을 깨고 전화벨이 울린다.

"선생님, 다름이 아니라!"

첫마디를 듣자마자, 가슴이 내려앉고 신경이 곤두선다.

전화기 너머로 들려오는 목소리는 날이 서 있고, 격앙되어 있다.

무슨 일인지 파악도 하기 전부터 기분이 흐트러지기 시작한다. 하지만, 결국 문제를 해결하고 싶은 학부모로부터 온 전화다. 그냥 그렇게 믿고 싶다. 호흡을 가다듬고, 이야기를 시작해 본다.

"네, 말씀하세요."

통화는 20분 쯤 이어졌다. 전화를 끊고 30분쯤 지났을까?

"선생님, 제가 좀 흥분해서 전화를 했는데 성급했던 것 같네요. 내일 아이와 상담 후 결과를 알려 주세요. 좋은 하루 되세요."

그제야 큰 숨을 내쉬고는, 다시 한 번 통화 내용을 떠올려 본다.

우선, 내가 파악하지 못한 일이었다. 방과 후에 두 친구가 놀이터에서 싸웠다는 건데, 목소리가 너무 격앙되어 있어서 파악이 어려웠다. 학부모님의 이야기를 메모하며 꼼꼼히 차근차근 듣겠다고 말씀 드리니 수화기 너머 목소리 톤이 조금 잦아들었다. 내용을 정리하고 나서는 속상하셨겠다는 공감의 말을 전하고 사실을 확인해야 할 시간이 필요하니 조금만 기다려 달라고 이야기하였다. 그러나 방과 후라 다른 학생과 연락이 되지 않으니 내일 만나서 이야기해야 한다.

그렇게 다시 학부모와 통화를 하였고, 이렇게 마무리된 것이다. 다행히 이 정도에서 멈춘 것에 감사할 따름이다.

이렇게 감정적으로 격앙된 학부모와 대화하는 건 무척이나 어려운 일이다. 그 마음을 이해하지 못하는 건 아니다. 하지만 내 마음도 상한다. 문제를 해결하기 전부터 위축되고 걱정이 앞선다. 그럴 땐 무척 냉정하게 대하고 싶고, 가시 돋친 말을 하고 싶은 생각도 마구 든다. 하지만, 난 전문가답게 대응하고 싶다. 침착하고 담대하게 말이다.

그럼에도 이런 대화에는 참 익숙해지지 않는다. 어떡하면 좋을까?

상담에서만큼은 맞불작전이 의미 없다

베트남 출신의 불교 승려, 틱낫한Thich Nhat Hanh은 이렇게 말했다.

"당신이 내면에 평화를 가질 때, 다른 이와의 진정한 평화가 가능하다When you have peace within, real peace with others is possible."

그러나 가끔 누군가와 대화를 하기도 전에 그의 표정과 몸짓, 그리고 말투의 시작부터 내면의 평화가 와장창 깨지는 일이 발생한다. 둘 다 화가 나서 감정이 부딪히는 상황이 아닌 이상 한쪽은 문제를 해결하기 위해 이성을 유지한 채 차분하게 대화하려고 노력하고, 다른 한쪽은 그저 쏟아내기만 하는 상황.

교사라면 한 번쯤은 누구나 경험해 보았을 만한 일이다. 경중의 차이는 있겠지만, 항의성 전화나 상담에서 심하게는 고성과 욕이 오가는 상황까지도 발생한다. 교사도 사람인지라 문제 해결과 학생에 대한 작업동맹 따위는 다 저 멀리 던져 버리고 싶을 때가 있다.

마음의 평화가 깨져 산산조각이 나 버릴 것 같은 순간, 교사는 어떤 마음 챙김과 진화의 기술이 필요할까?

보통 '화'를 불에 많이 비유한다. 불을 내고 있는 상대의 인내심에 따라 발화점이 달라지고, 사안의 경중에 따라 화재의 크기가 달라지고, 상대에게 접근하는 모든 것이 뜨거움과 연소의 고통을 느끼게 된다는 점에서 적절한 비유가 된다.

그렇다면 불을 끄는 방법이 화를 내는 대상과의 상담에 지혜를 줄수 있을지도 모른다. 불이 붙는 조건(연소 조건)은 3가지이다. 발화점이상의 온도, 산소 공급, 탈 물질의 존재 중에 1가지만 사라져도 불은꺼진다. 그래서 산에 큰 불이 날 때, 진화가 어려워지면 번지는 것만이라도 막기 위해 통제된 구역에서부터 맞불을 놓는다. 화재가 난 곳만불타게 하여 탈 물질을 제거하는 것이다.

이 방법을 현실 상황으로 가져오면 학부모의 화에 대하여 덩달아 같이 화를 내거나 적극적으로 대응하여 부딪히는 방법이 될 것이다. 그러나 이 방법은 누구나 예상할 수 있듯이 교사에게 완벽한 손해가 되는방법이다. 계속해서 강조하고 있지만, 상담의 본질과 작업동맹의 핵심은 학생, 학부모, 교사가 함께 교육적 접근을 통해 문제를 해결하고 성장을 촉진하는 것이다. 이것은 연속성을 가지고 오랜 시간 동안 이어져야 한다. 맞불작전은 사실상 관계의 끝맺음을 뜻하며, 교사가 학생을포기하는 것으로 비춰질 수 있다.

가장 현명한 방법은 산소 공급을 차단하듯, 학부모의 화가 계속되는원인을 고민해 보거나 뜨거움을 누그러뜨릴 수 있는 접근과 마음 챙김이 필요할 것이다.

'화'의 원인을 바라보면 답이 있다

'화'라는 감정은 한 개인의 내면에 깔린 분노를 표현하는 방식 중의 하나일 뿐이다. 같은 분노를 가지고도 그저 꾹 참으며 곱씹는 사람이 있다면, 반대로 자신의 분노를 적극적이며 공격적으로 표현하는 사람도 있다.

즉, '화'는 자신의 분노를 표현하기 위해 전략적으로 선택한 방식으로, 표면적인 감정이다. 앞서 사람의 '화'를 연소의 3요소에 빗대었다. 먼저, 탈 것이 있어야 한다. 해결해야 하는 근본 문제이다. 그러나 이것 자체만으로는 분노의 결정적인 원인이 되지 않는다. '발화점 이상의 온도'가 실제 문제를 악화시키는 요소들일 것이다. 오해와 왜곡으로부터 비롯될 수 있고, 그 외에도 상황을 악화시키는 요인들이 있을 것이다. '산소'는 교사와의 대면에서 상황을 악화시키는 말, 어투, 어조 등에 비유할 수 있다.

예를 들어 한 학생이 수업 중에 교사의 지시에도 불구하고 계속 장난치는 상황을 생각해 보자. 교사는 학생에게 훈육을 했고, 학생은 기분이 상했다.(탈 것 생성) 학생은 가정으로 돌아가 학부모에게 '내가 특별히 잘못한 것이 없는데 나를 크게 혼내셨다.'고 말했고, 학부모는 화가 났다.(발화점 이상의 온도) 교사에게 항의 전화를 한 학부모는 교사가 '학생의 말만 듣고 판단하시면 곤란하다.'는 말을 듣고(산소 공급) 더욱 화가 나 교장에게 직접 전화하기로 마음을 먹는다.

여기서 교사가 학부모의 '화'를 진정시키고 문제를 해결하려면 어떻게 해야 할까? '탈 것'은 최초의 문제 상황이다. 이미 일어난 일이므로 교사는 이 부분에 있어 객관적인 사실을 파악하고 관련된 증거 등을 수집해 두어야 한다. 이후에는 발화점을 낮추고 산소 공급을 차단하는 방식만이 남아 있다. 먼저 오해와 왜곡으로 인해 높아진 '화'의 발화점을 낮추려면 어떻게 해야 할까?

인지 치료 분야에서는 '자동적 사고automatical thought'라는 용어를 통해 외부의 자극에 자신이 인식하지 못할 정도로 빠르게 어떤 경험이나 신념이 작용하여 그에 따른 감정이나 정서를 이끈다고 설명한다. 감정이 부정적으로 표현되는 경우, 그 과정에서 비합리적 사고가 일어났기 때문이라고 보는 것이다.(Beck, 1964)

앞선 예에서 학부모가 자녀에게 '선생님이 오늘 나를 크게 혼내셨다.'라는 이야기를 들어 감정이 상했고, 그로 인해 교사에게 '왜 우리 아이를 혼냈느냐?'라고 흥분하며 대화를 시작했다고 가정해 보자. 학부모는 '화'라는 표면 감정을 터뜨리기 전 몇 가지 비합리적인 사고를 하게 된다. 그러므로 인식되지 못하는 자동적 사고에 주목하면 문제 해결이 가능할 것이다. 자녀에게 일방적인 이야기를 들은 학부모는, '부모로서 지켜 주지 못했다는 죄책감', '자녀를 차별할지도 모른다는 불안감', '예전에도 이런 비슷한 경험을 한 적 있다.', '혹시 우리를 만만하게 보는 것이 아닐까?' 하는 비합리적인 자동적 사고들이 순식간에 일어나 불안, 좌절, 분노의 내면 감정을 타고 '화'라는 표면 감정을 선택한다. 실제로 교사가 의도하거나 표현하지 않은 부분까지 예측하고 판단해 버렸기 때문에 이 부분을 반드시 해결해야 대화가 가능해진다. 그러므로 교사는 이 비합리적 사고 과정을 통해 만들어진 감정을 이해하고 오해를 풀어 주는 제스처를 취해야 한다.

자동적 사고를 담백하게 이해하고 감정에 휘말리지 않으면 교사는 더 나은 말과 행동을 할 수 있다.

"학생이 차별받는다고 느끼셨을 수 있겠다.(비합리적 사고를 해결하기 위한 감정 이해) 그러나 몇 번의 지시를 했지만 따르지 않아 따로 훈계를 할 수밖에 없었다."

"학생이 자주 훈계를 받아 속상하셨을 수 있겠다.(비합리적 사고를 해결하기 위한 감정 이해) 되도록 지적하지 않으려고 했는데 이번에는 3번이나 주의를 주었는데도 따르지 않아 훈계를 할 수밖에 없었다.(오해 해소)"

교사가 학부모의 자동적 사고 원인을 한 번에 판단할 수 없기 때문에, 교사는 학부모의 '화'로 표현된 감정과 함께 나타난 낱말 등을 예민하게 보고 주목해야 한다. 이것은 시간과 인내가 필요한 일이다. 교사도 인격체이기 때문에 대상이 쏟아내는 감정과 거친 낱말이 괴로울 수 있다. 그러나 그것은 표면으로 드러난 감정일 뿐이므로 휘둘리거나 함께 흥분하지 않도록 마음을 다잡아야 한다.

대부분의 경우 학부모의 '화'는 교사 한 개인의 인격을 대상으로 하는 것이 아니라 문제 상황에 대한 자동적 사고로 인한 것이 더 많기 때문이다. 기저에 깔린 자동적 사고를 이해하려는 시도와 노력은 '화'라는 불을 성공적으로 진압하는 첫 번째 시도가 될 것이다.

다음으로, 대화의 과정에서 교사의 말과 어투 등이 매우 중요하다. 발화점을 낮추려고 노력하는데 학부모의 화를 직접 마주하면, 교사도 상처를 입어 의도하지 않게 표현이 거칠어지거나 공격적으로 변하게 된다. 이것은 막 꺼져 가는 불에 산소를 주입해 다시 불길이 활활 일어나는 상황을 초래할 수 있다. 그러므로 교사는 이 부분에서 평정심을 찾고 학부모의 자동적 사고를 만들어 낸 비합리적 사고를 찾으려는 노력을 기울이면서 상황을 천천히 누그러뜨려야 한다. 대부분 상황이 악화되는 경우는 교사가 학부모와 대화하면서 학부모의 자존감을 하락시켜 열등감을 유발할 때이다. 보통 좌절하거나 실패한 부분을 지적하거나, 차별을 느끼게 할 때 드러난다.

"똑같이 훈육하는데, 다른 학부모님은 문제 제기를 안 한다."(다른 학부모와의 비교, 차별을 느끼게 함)
"학부모님이 너무 바쁘셔서 학생이 방치된 측면이 있다."('방치'라는 낱말이 가진 의도성, 좌절감 유발)

스스로 "나는 위의 예처럼 강하게 말하지는 않는다. 최대한 존중한다."고 생각할지 모르겠지만, 교사가 학생의 문제를 지적하는 상황 자체가 부모에게는 자신의 훈육 실패, 자신에 대한 비난으로 느낄 수 있다. 자녀를 곧 학부모 자신으로 여기는 경우가 많기 때문이다. 논리적으로 교사의 말을 이해하려 해도, 감정이 이미 자동적 사고로 인해 격해지는 것이다.

다른 상황을 생각해 보자. 교사 또한 자신의 학급과 분리되기가 쉽지 않다. 다른 반 교사나 교과전담 교사에게 학생이 혼나는 모습을 보거나 지적받았을 때, 평소보다 더 화를 내거나 감정이 격해지는 경험을 해

본 적이 있을 것이다.

그러므로 부정적인 감정을 의도하지 않았더라도, 이미 내면에 문제 상황을 가지고 있는 대상에게는 분노를 표출하고 자동적 사고를 하게 만드는 원인, 발화점을 높이는 일들을 스스로 예민하게 관찰해야 한다.

직감적으로 위의 모든 방법을 감안해도 대화의 시작조차 불가능한 경우도 있을 수 있다. 이럴 때는 과감히 '지연 전략'을 써 보는 것은 어떨까? 가령, 감정이 무척 격앙된 경우에는 목소리 톤도 높고 커지며, 말도 빨라지기 때문에 대화 자체가 어렵다. 그럴 때에는 "부모님의 고민과 문제를 경청하고, 꼼꼼하게 기록하고 싶은데 지금 그런 통화가 어려우신 것 같다. 20분 정도 후에 제가 다시 연락 드리겠다. 그 시간 동안, 제가 관련된 정보도 더 확인해 보겠다."고 하는 것이다.

화가 난 경우, 화를 내면서 그 화를 더 키우는 경우도 있지만, 그저 화풀이할 대상이 필요한 경우도 있다. 두 가지 상황 모두 문제를 해결하는 데 도움이 되지 않기 때문에 그런 경우에는 지연 전략을 쓰는 것이 좋다.

"내 이야기를 무시하는 거냐? 전화 끊지 말아라."며 더욱 감정적으로 나오는 경우에도 휘둘리지 말고, 실행에 옮기도록 한다. 녹취하는 것을 사전에 알리고 하는 것도 좋다. 대화에 참여하는 당사자간의 녹취는 상대방의 동의 없이도 가능하며 법적으로 문제가 되지 않는다. 찾아온 경우에는 반드시 관리자를 호출, 교무실 등 제3자가 있는 곳에서 상담을 실시하고, 혼자 맞이하지 않도록 해야 한다. "제기하신 문제를 권한이 있는 분과 함께 이야기하면 더 빨리 해결점을 찾을 수 있을 것"이라는 취지로 안내하면 된다.

결국, '화'는 표면적 감정이고 실제 문제는 따로 존재하기 때문에, 감정에 대해서는 공감하면서도 비합리적 사고를 파악하여 화를 진화해야 한다. 그리고 한편으로는 문제에 집중하는 태도로 접근하는 노력을 기울여야 한다.

왜 이렇게까지 해야 할까?

최근, 학부모가 무단으로 교실로 들어와 수업 중인 교사에게 폭력을 휘두르는 사건이 발생하면서 교권은 물론 학교 안전망에 대해 우려하는 시선이 있다.

폭력 행위와 정당하지 않은 분노를 한 대상에게 마구 쏟아내는 것은 엄연히 법으로 다스려야 할 일이며, 교사 또한 참을 이유가 없다. 그러나 정도의 차이일 뿐 대부분의 학부모가 겉으로 화를 표출하기 이전, 마음속에는 이미 속상함과 아쉬움, 말 못할 답답함이 쌓이고 있었으며, 발화점에 도달하기 전의 상태가 있었을 것이다. 그러므로 교사는 상담 전 문자를 주고받거나 문제를 대하는 학부모의 어조, 말투, 사용하는 낱말 등에서 그 이상을 감지하고 큰 불로 번지지 않도록 예민한 감각을 키우고 준비의 감수성을 기르는 것이 필요하다.

그런데 왜 꼭 이렇게까지 해야 할까? 왜 교사에게만 이런 상황에 대한 노력의 초점이 맞추어지는가?

학부모는 성인이기에 자신의 행동에 책임을 져야 한다. 학부모가 온

당하지 못하게 교사를 괴롭히거나 화를 낸다면 비판받는 것이 당연하다. 그러나 학생의 처지는 다르다. 학부모의 영향을 크게 받기 때문에 교사와 학부모의 틀어져 버린 관계가 학생에게 어떤 악영향을 끼칠지 모르는 일이다. 그러므로 학부모의 비위를 맞춘다는 생각보다 앞으로의 학생 정서와, 학부모와의 신뢰 관계 유지를 위해 인내해야 할 상담의 과정이라고 보는 것이 좋다. 이 상황을 지혜롭게 해결하는 것이 전문성을 발휘하는 일이라는 것이라는 점을 상기하며 교사 스스로 차분하게 마음을 챙겨야 한다. 어쩌면 교사의 상담 중 가장 어려운 부분일 수도 있다. 그렇기에 이 상황을 해결할 수 있을 때 차후에는 더 자신감 있게 같은 상황에서 예민한 감각으로 이해하고, 급작스럽게 문제가 터져도 당황하지 않고 상담에 임할 수 있을 것이다. 내면의 평화를 유지하면서 말이다.

화가 난 학부모와 대화하기

1. '화'의 표면적인 감정은 내면의 감정이 선택한 것

2. '화'를 다루기 위한 전략 : 연소의 3요소 생각하기
(1) 탈 것 : 최초의 문제 상황 (사실)
– 변하지 않음. 교사는 객관적 사실을 기억하고 증거를 수집함.
(2) 발화점 이상의 온도 : 상황에 대한 왜곡된 사실, 비합리적 생각에 의한 자동적 사고
– '화'는 대부분 실제 교사 개인을 향한 것이 아님.
– 자동적 사고의 원인이 되는 비합리적 사고를 짚어 보기, 이해하기
(3) 산소 공급 : 교사와의 대화 속에서 자존감 하락, 열등감 자극의 표현
– 대화 중 비교, 차별 등의 감정을 일으키는 문장이나 낱말 유의하기
– 함께 과격해지거나 화내지 않기
– 문제가 심각할 때는 '지연 전략' 활용

3. 교사에게 더 노력이 요구되는 까닭
– 교사에게 가장 중요한 대상은 학생
– 학부모와의 관계 단절은 학생 관계 단절로 이어짐.

6. 상담, 그 이후가 중요하다

학기 초 가장 신경 쓰였던 일정인 '학부모 상담 주간'이 끝났다.

학부모 상담을 진행하면서 학생에 대한 새로운 정보도 얻었고 학부모를 직접 만나고 나니 차라리 홀가분하다. 이제야 큰 산 하나를 넘은 느낌이 든다.

학부모 상담을 통해 학생의 모습을 보다 섬세하게 관찰하게 되었다. 그러다 보니 교실에서 학생의 말과 행동이 더 눈에 잘 들어온다. 또 학부모 상담 이후에 조금 달라진 학생의 모습도 보인다.

"선생님, 저희 부모님이 뭐라고 하셨어요?"

"응? 그게 궁금하니?"

"네, 부모님이 학부모 상담을 다녀오시고 나서 저를 칭찬하셨거든요. 그리고 올해 선생님 정말 잘 만났다고 하셨어요."

학부모 상담 기간에 준비를 하는 것은 힘들고 어려웠지만, 학부모 상담 이후 이런 이야기를 듣고 나니 무척이나 보람되다.

학부모 상담을 하면서 학생 교육을 위해 학부모와 작업동맹을 형성하고 함께 고민하고 해결할 부분, 협력할 부분들을 느끼게 되었다.

부담으로 시작했다가 홀가분하게 끝낸 학부모 상담을 학급 운영, 생활지도에 적극 활용하는 방법에는 무엇이 있을까?

상담의 진짜 주인공은?

저학년이든, 고학년이든 학부모 상담을 하고 난 후에 학생들은 그 내용을 궁금해 한다. 학생 입장에서 생각해 보자. 자신이 알고 있는 세상에서 가장 커다란 존재인 부모와 하루의 대부분을 보내는 학교에서 가장 많은 영향력을 끼치는 교사가 만나 '나'에 대해서 이야기를 나누었다 하니, 어떤 이야기나 평가가 나왔을까 걱정도 되고, 기대도 될 것이다. 학부모 상담을 하기 전까지는 학부모와의 만남이 주가 되지만, 학부모 상담 이후에는 학생이 함께하게 된다.

학부모 상담은 교사와 학부모가 학생을 두고 같은 고민을 하면서 협력적 관계를 구축하는 작업동맹이며, 상담의 본질의 '학생' 그 자체에 있음을 계속 강조하였다. 또한 학부모 상담 이후의 관리를 통해 상담이 교사의 생활지도와 학급경영, 학부모와의 관계 증진에 지속적으로 긍정적인 시너지를 낼 수 있는 방법을 생각해 본다면, 학부모 상담의 최대 수혜자는 교사 자신이 될 것이다.

상담의 주요 내용을 학생과 '공유'하라

학부모 상담에 적극적이지 않은 일부 학부모들의 이야기를 들어 보면, 학부모 상담 결과 '문제가 해결되거나 개선되는 것이 느껴지지 않기 때문'에 학부모 상담을 꺼리게 된다고 한다. 왜 그럴까? 일반적으로 상담 후, 학생에 대해 이야기된 주요한 문제나 내용을 정작 학생 당사자는 모르기 때문이다.

상담 이후 교사는 해당 학생에게 학부모 상담의 주요 내용을 말해 주고, 학생의 생각과 해결 방법에 대한 의견을 들어 보아야 한다. 비록 학생이 모든 것을 결정하거나 방향을 정할 수는 없다 하더라도, 학생은 학부모 상담의 당사자이기 때문에 이 과정은 꼭 필요하다. 또한 가정에서의 양육에 대해 제3자인 교사가 객관적으로 듣고, 중재하고 조정할 수 있으므로 학생과 후속 상담을 하는 것이 좋다. 이때 가장 중요하게 여겨야 할 것은, '통보'가 아닌 '공유'라는 것이다. 작업동맹은 교사-학부모 사이에서만 형성되는 개념이 아니다. 학생이 주인공인 교실에서는 교사와 학생이 작업동맹을 형성해야 하는 것이다.

자녀의 스마트 사용 시간에 대해 고민하던 학부모가 있다고 하자. 학부모는 교사와의 상담을 통해 학생의 스마트폰에 사용 제한 어플리케이션을 설치하였다. 그리고 상담 이후 교사는 학생과의 후속 상담을 통해 '부모님과 이런 상담을 했으며 부모님의 걱정은 무엇이고, 왜 이 방식을 선생님이 추천했는지' 교사의 입장에서 공유하였다. 학생은 이런 상담 과정을 듣고 쉽게 수긍하였다. 다만, 자신의 형도 스마트폰을 자주 사용하는데 자신만 이런 어플리케이션을 설치하게 되어 차별을 느낀다며 억울해 했다. 교사는 다시 상담을 통해 학부모에게 학생의 입장을 전달하였다. 학부모도 이 사실을 알고 있었기 때문에 다시 교사와 해결 방법을 논의하게 되었다. 이후 학생은 한 달만 어플리케이션을 이용해 스마트폰 사용을 통제하고, 한 달 후에 스스로 지킬 수 있다면 이러한 통제를 풀어 주는 것으로 약속하였다.

위의 사례와 같이 했다고 해서 문제가 완벽하게 해결되는 것은 아니다. 그러나 학생은 교사와의 상담을 통해 자신의 문제를 학부모와 교사모두가 고민하고 해결해 주려 한다는 마음을 느꼈을 것이고, 학부모는 계속 자녀에게 관심을 가져 주는 교사를 크게 큰 신뢰하게 되었을 것이다. 이것이 바로 작업동맹의 핵심이다. 후속 상담은 이렇게 이후, 학생의 학교 생활에도 교사와 학부모의 관심이 이어져 그 효과가 극대화된다.

상담 내용을 공유하는 것은 학생의 실천력과 책임감을 높여 준다.

상담 이후의 학생 모습을 학부모와 나누자

학부모 상담 이후에 아이의 모습을 보면서 조금이라도 변화된 모습을 찾아본다. 예를 들어 아이의 학습 태도에 대해서 고민이 있던 학부모에게는, 학생이 수업 시간에 미리 책상 위에 교과서를 준비하는 모습 등을 즉각적으로 간단히 포스트잇이나 문자로 알려 드리는 것도 효과적인 방법이다. 또, 책상 위 혹은 사물함이 잘 정리되어 있는 모습을 학생의 동의를 얻어 사진을 찍어 보내면 백문이 불여일견이라고, 학부모는 아이의 학교생활에 대한 신뢰가 높아지고 교사의 섬세한 관심에 깊은 감사를 느끼게 될 것이다.

많은 학부모들은 다인수 학급에서 자신의 아이가 담임교사의 시야에 들어오지 못하는 건 아닐까 하는 걱정과 염려가 있다. 그래서 학생을 말로만 칭찬하고, 문제없다는 것을 가식처럼 느낄 수도 있다.

학생의 작은 변화를 발전과 성장의 시작점으로 포착하는 시야를 갖도록 관찰하고 살펴보는 습관을 가져 보자. 그리고 이런 발전과 성장을 위한 변화를 학부모에게 가볍게라도 전달한다면 그것이 결국 교사와 학부모 관계에서의 보험 역할을 하기도 한다. 이는 강한 신뢰의 형성 과정이기 때문이다.

보면 볼수록 새로운 성장 씨앗을 찾는 기쁨, 관찰.
변화와 성장의 모습을 함께 나누면 믿음이 깊어진다.

학부모 상담을 학급 활동으로 연계하자

학부모 상담 중 지극히 개인적이거나 민감하지 않은 내용의 경우, 학급 활동으로 연계하여 학생들이 수업 시간에 다룰 수 있는 주제로 적당하다.

최근 학부모들이 가장 많이 걱정하는 문제인 '또래 집단의 파벌', '학원을 가는 것', '유튜브, 게임 과몰입' 등을 주제로 모든 학생이 한 가지의 장기 과제를 설정하도록 해 보자. 특히, 실제 해당 학생의 학부모가 고민했던 부분을 자신의 1년 목표로 설정하고, 다른 학생들과 자신만의 목표로 설정하게 하는 것이다. 일반적으로 학생들이 부모의 '잔소리'라고 생각하는 것들을 실제 자신의 목표로 만들면 그 자체로 후속 상담 활동이 되고, 그 과정 이후 학부모 상담에서 나눌 수 있는 이야깃거리가 될 수 있다. 또한 학생은 학부모만의 일방적인 잔소리에서 학급에서 친구와 교사가 응원하는 도전 목표라는 관점의 전환이 생겨 동기가 부여되기도 한다. 이때 교사는 '잘한다, 훌륭하다.'라는 칭찬보다 어렵고 힘든 일을 해 줌으로써 학급 구성원들의 보상 획득에 기여하는 모습에 고마움을 표시하는 것이 좋다. 행위의 결과가 아닌 행위의 의도에 용기를 북돋는 것이다.

가령, 1년간의 목표를 세우고 지키면 학급 보상을 받는 활동을 계획하였다고 하자. 학생들에게 자신의 부모가 가장 걱정하는 점 혹은 꼭 지켜 주었으면 하는 점 1가지씩을 조사하게 하고, 그것을 구체적인 문장으로 만들어 1년의 목표로 삼도록 한다. "하루 30분만 유튜브 보기" "교정기 끼는 동안 점심시간에 꼭 양치하기" "한번 정한 학원은 꼭 3개월 이상 다니기" 등 학생별로 학교 내외에서 교사, 학부모가 함께 지켜 주었으면 하는 목표를 달성할 때마다 별을 주고, 해당 별이 모일 때 학급 전체 보상을 하는 방식으로 진행한다. 모든 학생이 끝까지 달성하지 못한다 해도, 조금이나마 노력하는 모습을 학부모와 교사가 격려해 주며, 고마움을 표현한다. 그러면 학생들은 끝까지 포기하지 않으려는 긍정적인 행동의 변화를 보일 것이다.

학부모 상담 시 학부모의 고민 중 학생들에게 공개할 수 있는 것은 토의활동, 역할극 등으로 나누어 보는 것이 좋다. 학생들은 보통 학부모의 입장은 생각하지 않기 때문에 학부모의 온당한 고민이나 걱정을 이해하기 어렵다. 이럴 때 찬반 토론 활동이나 역할극을 활용하면 학생들은 양측의 입장을 깊게 이해할 수 있고, 후속 지도에 큰 도움을 받을 수 있다.

숙제를 하는 도중 친구의 연락을 받고 나가려는 학생과 그것을 말리려는 엄마의 상황을 학생들과 역할극으로 진행한다고 가정해 보자.

저학년의 경우에는 대본이 필요할 수 있다. 이때 연락을 받고 나가려는 학생을 교사가 맡는 것도 좋다. 학생의 절반은 학생 편이 되고, 나머지 학생은 엄마 편이 된다. 그리고 A4용지 한 장씩을 받는다. 역할극이 진행되는 동안, 각자의 편이 된 학생은 속상한 말을 듣거나 마음이 불편할 때마다 종이를 구기거나 찢는다. 역할극이 끝나고 학생과 엄마의 편에 섰던 친구들의 종이 상태를 보고, 어떤 말과 행동에서 속상했는지 이야기를 나눈다. 이 외에도 게임에 과몰입하는 학생과 학부모, 편식하는 학생과 학부모 등 실제 생활에서 일어나는 문제 상황 속에서 각자의 입장을 이해하는 시간을 가진다. 실제 문제를 겪고 있는 학생이 있다면 따로 상담 시간을 가지고, 직접 느낀 점 등을 더 이야기해 보면 문제 해결의 긍정정인 변화를 느낄 수 있다.

상담 이후의 모습을 기록하기

학부모 상담에서 다루었던 주제와 관련해 아이의 모습을 조금씩 기록해 둔다. 이런 기록들은 추후의 학부모 상담을 더 편안하고 안정감 있게 이끌어 가는 좋은 자원이 된다. 또한 상담 이후의 변화들을 지켜 보면서 학생들의 개별적인 특성을 보다 섬세하게 파악할 수 있게 해준다. 무엇보다도 이런 기록들이 축적되면 결국 교사 자신의 생활지도와 상담 노하우로 정착할 것이다. 따라서 어떤 형태(온라인, 종이, 녹음)로든 기록을 남겨 보자. 그 기록들이 교사의 학급경영 능력에도 분명 큰 영향력을 발휘할 것이다.

다음 걸음에 용기를 주기 위해

상담의 준비 과정, 실행, 후속 지도를 통해 완결된 하나의 상담 사례는 그 자체로 교사의 귀중한 재산이다. 이제 막 상담의 걸음마를 시작한 신규 교사와 이미 많은 경험을 지닌 베테랑 교사와의 차이점은 다양한 사례의 경험 차이일 뿐이다.

이 책의 처음에서 밝혔듯, 모든 학생과 학부모를 만족시키는 상담은 없다. 모두가 너무나 다른 사람들이기 때문이다. 그러나 이렇게 다른 사람들도 시대의 흐름과 선호에 따라 어느 정도 경향성을 보인다. 그러므로 완결된 상담의 사례가 한 건씩 쌓여 갈 때마다 교사는 다음 상담에서 전에 경험한 비슷한 사례에 대한 과정의 핵심을 학부모와 공유하다 보면, 신뢰감을 쌓을 수 있다. 종업, 졸업으로 이미 내 손을 떠난 학생에게 요즘 어떻게 지내는지 넌지시 물어보고 나의 제안과 조언이 얼마나 효과가 있었는지 알아보자.

사실, 학부모가 관심을 가지는 학생 문제의 종류는 손가락 안에 꼽을 정도이다. 상담이 다양해지는 것은 학생의 성향이나 환경에 따라 달라지는 것들이 대부분이므로, 이후 학생의 변화에 주목하는 것이 후속 상담의 핵심이다. 이러한 사례가 쌓여 가는 교사의 조언은 폭과 깊이가 다르다.

교사는 '상담을 했다'에 그치지 말고 상담의 준비, 실행, 후속으로 이어지는 완결된 하나의 솔루션을 정리해 두어야 한다. 우리의 기억력이 그렇게까지 믿을 만하지 못하다는 것에는 누구나 동의할 것이다. 클리어 파일이나 상담 전용 다이어리 등에 상담을 위해 준비한 프로그램, 상담 신청서, 상담 준비 및 기록지, 후속 상담 후 결과 등을 모아 보자. 후속 상담의 진정한 최종 단계는 바로 '기록의 정리'이다.

대부분의 교사가 처음부터 상담에 대한 만족스러운 경험을 하지 못한다. 걸음마를 막 시작할 때는 넘어지는 게 일상이다. 그러나 모든 걸음마는 언젠가 달리기가 된다는 믿음을 가지자. 그리고 넘어졌을 때에는 다시 일어나서 다음 걸음을 내딛을 용기와 도전 정신이 필요하므로, 성공한 경험뿐 아니라 실패한 경험의 기록까지 모두 정리해 두자. 이러한 기록들이 다음 걸음에 큰 용기를 줄 것이다.

상담에 완벽한 '성공과 실패'라는 것은 없다. 교사로서 자신과 학부모, 학생 모두가 만족할 만한 상담이 되도록 노력할 뿐이다. 지금까지 제시한 모든 상담의 준비부터 후속 활동까지의 조언이 그 노력을 효과적이고 효율적으로 만들 것임을 믿어 의심치 않는다.

7. 학부모 민원이나 상담에서 이것만은 꼭 기억하자!

1. 학부모의 당황스럽고 갑작스러운 질문에는 '즉답'하지 않는다.

분명하고 자신 있게 말할 수 있는 내용이 아니라면, 사실관계를 확인해 본 후 대답하겠다고 응대한다. '당황'스럽다는 것은 무엇인가 검토해 봐야 한다는 것을 알리는 뇌의 신호이기 때문이다. 따라서 시원하게 즉답을 하기보다는 차분하게 살펴보자. 특히나 이런 민원의 대부분은 담임교사가 해결할 수 없는 것들이 많다.

2. 감정 조절이 되지 않는 상황이라면 대화를 잠시 멈춘다.

상황과 사람에 대한 오해, 과도한 요구, 막무가내 식의 주장, 자녀 보호 욕구 등으로 인하여 민원이 들어오면 교사는 힘이 쫙 빠진다. 특히, 열심히 노력한 교사일수록 더 억울하고 서운한 마음이 들 수 있다. 이런 감정을 억누르다 보면 감정 조절이 잘 되지 않아, 본의 아니게 언성을 높이거나 비꼬게 될 수 있는데, 이는 결국 교사에게 부메랑이 되어 돌아온다. 만약 자신의 숨소리가 거칠어진다거나 목소리가 떨리는 것이 느껴진다면, 이야기를 잠시 멈추고 나중에 하는 것이 좋다. 학부모가 흥분한 상황이라 해도 마찬가지이다. 반드시 30분 이상 지난 후에 다시 통화하는 것이 교사에게 유리하다.

"30분 뒤에 이야기해도 될까요? 학부모님의 이야기를 조금 더 잘 이해하고 싶은데, 지금 상황에서는 전달이 잘 안 됩니다. 제대로 듣고 싶어요."

3. 주변에 도움을 청하지만 책임은 결국 자신이 져야 한다는 것을 잊지 말자.

학급 민원이든, 학교에 관한 민원이든 주변에 도움을 청하고 조언을 구할 수는 있다. 하지만 민원은 결국 담임교사가 책임지고 처리하는 것으로 마무리가 된다. 이 점을 기억하고 민원을 처리해야 동료 교사와의 관계에서도 어긋남이 없을 것이다.

4. 민원을 섣불리 확대해석하지 말자.

민원이 들어오는 것을 교사에 대한 불신으로 여기는 경우가 있다. 의외로 대부분의 민원은 교사에 대한 신뢰와는 상관이 없다. 민원을 넣는 학부모들의 대부분은 민원을 통해 얻고자 하는 것이 따로 있다. 단지 의사소통 방식이 투박하고 비효율적일 뿐이다. '민원 없는 교실'을 꿈꾸는 것은 교사의 비합리적인 신념 중 하나이다. 민원을 민원으로만 바라볼 여유를 가져 보자. 그리고 그 민원 내용의 핵심이 상황에 대한 설명인지, 구체적인 조치를 바라는 것인지, 감정 분출인지를 구별하자. 민원은 단순 문의인 경우가 많다.

5. 학부모 상담이 끝날 때 자연스럽게 할 수 있는 멘트

여러 가지 이야기를 나누고 호의적으로 대화를 나누었지만, 막상 상담을 끝내려면 어떻게 마무리해야 할지 애매할 때가 있다. 상담이 끝났음을 섣불리 말하기가 어렵거나 조심스러울 때에는 다음과 같이 자연스럽게 마무리하자.

"마지막으로 제가 도와드릴 것이 있다면 말씀 주세요."

"언제든지 제 도움이 필요하시면 연락 주세요."

6. 시도 때도 없는 민원 문자, 카톡 상담에 대한 대처법

시도 때도 없는 문의, 민원 문자와 0과 1의 표시로 읽음과 읽지 않음이 구별되어 응답에 대한 부담이 있는 카카오톡을 비롯한 메신저에 문의, 민원에 대한 스트레스는 학부모와의 관계가 힘들다고 생각하게 하는 원인이 된다. 학부모는 교사가 어떤 상황인지 잘 알 수 없다. 대부분의 학부모도 사회생활로 바쁘기 때문에, 자녀에 대한 작은 문제도 크게 느껴지고 성급한 마음이 든다. 따라서 학기 초에 미리 문자, 메신저, 전화 문의에 대해서 친절하면서도 분명하게 범위를 제시할 필요가 있다. 학생의 신상(출결)에 관한 문제, 학교생활에 대해서 시급을 다투는 문제(매우 드물지만 간혹 있을 수 있다)가 아닌 이상 정해진 시간 이후(보통 오후 5~6시)의 연락은 삼가 달라고 미리 이야기를 하는 것이 필요하다.

7. 들을 때는 충분히 경청하고, 말할 때는 진심을 담아 이야기한다.

대화법에 대한 스킬, 감정 분석 방법, 무엇을 말해야 할지 모를 때가 있다. 그럴 때에는 충분히 상대의 마음과 욕구를 잘 들은 후, 진심을 담아 말하는 것이 최고의 방법이다. 나의 진심이 오롯이 학생을 향해 있고 그것이 제대로 전달된다면 대화법이나 스킬이 부족한 것은 큰 문제가 되지 않는다. 설령 이야기가 제대로 마무리되지 않았다고 하더라도 교사로서 자책감, 괴로움 등을 느낄 이유가 없다. 교사로서 학생을 위한 진심을 전달했는데 상대가 받아들이지 못한다 해도, 그것은 교사의 책임이 아니라 학부모의 선택인 것이다. 따라서 교사의 진심을 학부모가 받아들이지 않았다고 해서 학부모를 비난할 이유도 없다. 그것은 가치관이 다른 문제일 뿐, 그 이상도 그 이하도 아니기 때문이다.

8. 백문이 불여일견! 학생이 변화하고 성장한 모습, 혹은 학부모의 걱정이 기우임을 보여 주는 장면을 보관하자.

말로 하는 것보다 직접 보여 주는 것이 효과적이다. 틈틈이 사진을 찍어 두자. 이왕이면 학생이 변화하고 성장한 모습을 Before와 After로 찍어서 제시해 보자. 예를 들어 학기 초에 정리가 되지 않는 상태의 책상 위를 찍어 두고, 변화 이후 정리를 잘한 사진을 찍어, 어떤 이유로 이렇게 되었는지 학생의 노력하는 모습과 함께 칭찬하며 제시하는 것도 요령이다. 또한 친구 관계를 걱정하는 학부모에게는 아이들과 잘 지내는 모습을 사진으로 찍어 보여 주는 것도 효과적이다. 특히 '불안'과 '걱정'이 많은 학부모에게 유용한 방법이다. (단, 잘못한 점을 사진 찍어 놓고 제시하는 것은 금물이다. 이런 경우 거의 대부분 역풍을 맞게 된다.)

9. 솔직한 것보다는 진솔한 것을 추구한다.

솔직함과 진솔함은 사전적으로 그 의미에 큰 차이가 없다. 솔직하다는 것은 '거짓이나 숨김이 없이 바르고 곧다'는 뜻이고, 진솔하다는 것은 '진실되고 솔직하다'는 뜻이다. 의미상 큰 차이가 없는 단어이지만, 미묘한 어감의 차이는 있다. 솔직한 것은 사실 위주의 곧음이고 진솔한 것은 솔직함보다 좀 더 진실됨이 느껴진다. 즉 사실을 이야기함에 있어 솔직한 것보다 진솔한 것, 그리고 학생의 교육을 위한 마음을 진실되게 전달하려는 노력이 필요하다.

10. 학생에 대한 기록은 양날의 검이다. 상황에 따라 의도와 관계없이 해석될 수 있다.

간혹 학생이 어떤 문제 상황을 일으켰는지, 혹은 학생의 학교생활에 있어서 문제점, 부적응 상태를 자세히 기록해 놓는 경우가 있다. 혹시라도 추후에 있을지 모르는 학부모의 항의에 대비해, 이를 근거로 제시하려는 의도로 기록해 두는 것이다. 목적과 의도가 분명하고, 그것이 교사에게 도움이 된다면 이러한 기록도 의미는 있을 것이다. 하지만 이는 매우 위험한 자충수가 될 수도 있다. 학생이 제대로 못하는 점을 기록했다면, 그 학생이 잘한 점도 발견하고 기록했을 때 그 사실을 학부모에게 이야기해야 한다. 교사가 학생에 대해 기록을 하는지 안 하는지는 아무도 모르기 때문에, 온전히 담임교사의 선택이고 몫이지만 학부모에게 기록을 보여 줄 때에는 그만큼의 학생에 대한 고민이 함께 녹아 있어야 문제가 되지 않는다. 학부모에게 학생의 여러 가지 문제점을 기록으로 보여 줄 때에는 이미 신뢰 관계가 깨지기 일보 직전일 경우가 많기 때문이다. 실제로 그런 기록을 제시했을 때 "이 기록은 선생님이 우리 아이를 나쁘게만 바라보신 증거 아닌가요?"라는 항의를 들었으며, 문제가 되었다는 이야기들이 많이 들려온다. 학부모는 담임교사가 자신의 아이를 바라보는 시각에 대한 증거라고 생각할 수 있다. 학생에 대해 기록한 것을 학부모에게 공개하는 것은 좀 더 신중하게 생각해 볼 필요가 있다.

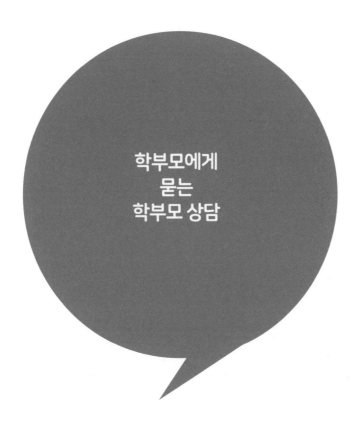

학부모에게
묻는
학부모 상담

'학부모 상담을 하는 선생님께 바라는 점' 학부모 설문 실시

대　　　상 : 전국 초등 학부모 264명

설문 기간 : 2019.1.3.~1.31

설문 방법 : naver폼으로 학부모 커뮤니티에 소개

상담 이후 선생님을
더 신뢰하게 되었어요!

선생님과의 상담 이후로 마음이 놓여요!

"무조건적인 칭찬보다는 아이의 장점, 단점을 솔직하게 말해 주는 선생님의 상담이 도움이 되었다. 가정에서는 미처 알 수 없는 단체 생활에서의 내 아이의 성향과 모습들을 앎으로써 여러 문제 발생 시 대처할 수 있다는 마음가짐을 미리 갖추고 아이를 객관적으로 평가할 수 있는 계기가 되었기 때문이다."

"아이들에게 그림을 그리게 하고 그림을 보면서 부모와 상담을 했던 기억이 나네요. 전문성이 있는 건 아니었지만 개인적으로 공부하시어 현재 상황에 맞는 상담 진행을 했습니다. 심리, 성향 정도 같이 간단한 것이었지만 선생님께 더 신뢰를 느꼈습니다."

"부모는 자기 아이가 첫아이면 첫 육아라 여러 면에서 생소하고 걱정하는 부분이 있는데 다른 선생님들은 그냥 표면적으로 안심하시라는 위로를 주셨다면 이번 선생님께는 상담으로 조금 구체적으로 제가 아이에게 어떤 식으로 대처를 해 주어야 하는지에 대한 방법과 자세를 배웠습니다."

"2학기에 상담했을 때 아이를 누구보다 잘 파악하고 세밀하게 관찰하여서 아이의 성향과 발전에 대해 이야기할 수 있었을 때 가장 좋았다. '잘하고 있는데요'가 아닌 어떤 점이 학교에서 장점이고 어려워 했던 건 어떤 거고 이런걸 알고 말씀해 줄 때 좋았다."

"교실 문 열고 들어섰을 때부터 웃는 인상으로 아이의 칭찬으로 상담을 시작해 주시고 부모가 걱정하는 부분을 귀담아 들어 주고 아이의 평소 학교활동에 대하여 잘 알고 있다는 인상을 받았을 때 좋았어요."

"아이 개개인의 개성을 인정해 주고 하나의 잣대로 평가하지 않는 교사의 마인드에 감동 받았던 적이 있습니다. 대부분의 선생님께서 그 개성(성격)을 단점으로 생각했던 거 같았어요."

"솔직하고 자세하게 아이를 관찰하고 교육을 이런 식으로 해보는 건 어떨까? 라는 말씀을 들었을 때 아! 이 선생님이야말로 학생들에게 관심도 많고 솔직한 분이다. 믿음과 신뢰가 가고 제가 아이를 어떤 방식으로 대할지 알 수 있었음. 내가 모르는 부분도 알 수 있어 가장 기억에 남는 선생님이자 드문 선생님이었음."

학부모가 존중받고, 신뢰하는 상담을 위해

우리는 상담에 특별한 무엇인가가 있다고 생각하지만, 학교라는 장소와 학생이라는 공통분모를 빼고 생각해 보면 상담도 결국 사람과 사람의 만남일 뿐이다. 모임이나 소개팅 등 우리가 사람을 만날 때 기본적으로 좋다고 느끼는 것들을 상기하면 답은 의외로 간단할지도 모른다. 학부모에게 가장 좋았던 상담은 무엇이고 기존과는 무엇이 다른지 물었을 때 수백 건의 답변을 통해 사람과 사람의 만남에 기본적으로 갖추어야 할 점이 무엇인지 느낄 수 있었다. 사례를 정리해 보면 다음과 같다.

첫 번째, 학부모가 존중받는다는 느낌이 들게 하는 상담이다.

상담 전 충분한 시간을 들여 논의로 상담 시간을 선택하게 하는 것에서부터 존중의 감정을 느낀다고 한다. 굳이 학기 초 급하게 상담을 하기보다 조금 늦더라도 자녀에 대한 충분한 관찰을 통해 정보를 얻기를 원했다. 또한 교사의 어투와 몸짓, 표정에서도 존중받는다는 느낌을 받게 되는데, 가르치는 듯한 말투나 상담 내내 팔짱을 끼며 부모의 죄책감을 불러일으키는 행동 대신 부모의 양육 방식을 경청해 주고 밝은 표정으로 받아들여 주는 교사의 태도에 존중의 느낌과 큰 감동을 받는다고 한다.

두 번째, 사전에 충분히 준비가 되었다는 느낌을 주는 상담이다.

상담을 위해 미리 조사한 학생 문장 검사, 심리 검사, 학습장 등을 보면서 교사가 학생 관찰에 노력을 기울였다는 생각이 들면서 신뢰가 생긴다고 한다. 학부모도 교사가 이런 분야에 완벽한 전문가가 아니라는 것을 알고 있다. 자녀와 자녀의 친구들을 담당하는 교사가 학생에게 얼마나 관심을 가지고 있는지 노력을 기울이고 있는지가 학부모의 주된 관심사이다.

세 번째, 자녀에 대한 솔직한 이야기를 들려주는 상담이다.

솔직한 상담은 '솔까말'이 아닌 진솔함으로 접근하는 상담이라는 것을 밝힌 바 있다. 자녀에 대한 냉혹한 평가가 아닌, 객관적 관찰을 통해 학생이 잘하고 있는 부분, 어려워하는 부분 등을 학부모에게 알려 주고, 교사의 따뜻한 시선이 담긴 조언과 제안이 덧붙여질 때 감동을 받고 교사를 전적으로 신뢰하게 된다고 하였다.

마지막으로 교사가 이 상담을 '업무'처럼 접근하는 것이 아닌 인간 대 인간으로서 따뜻한 만남으로 보고 있다는 것을 느낄 때 상담의 보람을 느낀다고 하였다.

학생들을 따뜻하게 바라보고 문제가 생겼을 경우, 다양한 관점에서 긍정적인 시각으로 볼 수 있도록 학부모에게 안내해 줄 때 학부모도 혼자 털어내고 마는 상담이 아닌 양방향 소통이 가능한 상담으로 편안함을 느낀다고 말한다.

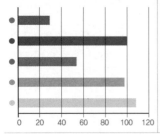

8. 학부모 상담을 신청하길 잘했다고 생각했다면 그 이유는 무엇인가요?(항목별 중복 투표 가능)

● 교사를 더 신뢰하게 됨 (109명, 41.3%)
● 자녀 문제를 해결할 단서를 얻음 (99명, 38%)
● 유익한 정보를 제공받음 (54명, 20.5%)
● 마음이 편안해지고 힘을 얻었음 (91명, 34.5%)
● 기타 (30명, 11.4%)

"학부모 상담을 신청하길 잘했다고 생각했다면 그 이유는 무엇일까요?"라는 질문에 많은 학부모들이 '교사를 더 신뢰하게 됨'(40.4%)이라고 말한다. 상담을 통해 '자녀 문제를 해결할 단서를 얻음'(39%)보다 더 많은 선택을 받았다는 점이 놀랍다.

학부모는 자녀의 문제가 무엇인지 어느 정도 알고 있고, 그것이 완벽하게 해소되는 것이 쉽지 않은 일이라는 것도 이미 알고 있다. 그렇기 때문에 자녀의 문제에 관심을 가지고 노력을 기울이는 사람이 필요하다고 느낀다. 그게 교사라고 판단하기에, 교사가 믿을 만한 사람인가는 가장 중요한 문제인 것이다. 또한, 교사도 학부모 상담이 그저 학생의 문제를 해결하는 장이 아닌, 자신에 대한 전문성과 신뢰성을 높일 수 있는 좋은 기회가 되므로 상담의 최고 수혜자가 '교사'임을 인식하였으면 한다.

"우리 아이의 장래 희망이 갑자기 바뀌어서 부모로서 어떻게 대처해야 할지 고민이 되었는데 선생님과 상담을 통해 아이의 꿈이 바뀐다는 건 아이가 미래에 대한 고민을 하고 성장했다는 것이니 걱정 마시고 더 격려해 주라는 말에서 많은 힘을 얻었습니다."

"담임 선생님께서 상담을 위해 충분히 준비하고 고민한 흔적을 느낄 수 있었던 상담은 참으로 좋았습니다. 학기 초가 아니라 한 달여의 시간이 흐른 뒤 상담 시점이 정해져서 아이에 대한 관찰이 잘된 상태에서 심도 있고 의미 있는 상담의 결과를 얻어 많은 도움이 되었습니다."

"1학기 중 상담 기간이라 아이를 맡은 지 얼마 안 되신 초임 선생님께서 우리 아이에 대해 세세히 관찰하셔서 말하실 때 감동을 받은 경험이 있습니다. 아이에 대해 관심이 있구나 느껴지는 것 하나만으로도 아주 큰 상담 성과였습니다."

마지막으로 좋은 학부모 상담을 통해 학부모의 약 35%가 '마음이 편안해지고 힘을 얻는다'라고 응답했다. 교사와 학부모는 학생을 매개로 상담이라는 만남을 1,2회 정도 가지는 것이 보통이다. 그러나 그 몇 번의 만남에서 더 나은 학생의 미래를 위해 고군분투하는 서로에게 응원을 해 줄 수 있다. 교사와 학부모의 만남을 통해 학생이 더욱 성장할 수 있도록 촉진할 수 있다면 그것이 최고의 학부모 상담일 것이다. 교사와 학부모는 1년간 한 배를 탄 운명 공동체이다. 내 앞에 앉아 있는 학부모에게 따뜻한 격려를 전할 수 있는 작은 용기를 내 보자.

Part 4

학부모 상담,
즉문즉설

1. 학부모 고민 해결
2. 선생님 고민 해결

학부모가 궁금해 하는 지점은 거의 전국 공통이다.

전국 학부모 264명을 대상으로 조사하고, 10여 년간 학부모 상담 신청서를 받으며 정리한 학부모의 질문들을 분류하여 정리해 보았다.

또한 초임교사 연수, 1정 연수에서 학부모 상담과 관련하여 선생님들로부터 가장 많이 질문 받았던 내용들도 함께 정리했다.

학부모들이 가장 많이 하는 질문, 그리고 바로 대답해 줄 수 있는 솔루션을 소개한다. 앞에서 언급한 상담의 과정이 어렵고 당장 적용하기 힘들게 느껴진다면, 이 장부터 읽어 본 다음 앞의 장들을 차근차근 이해하는 것도 방법이다.

이것만 알아도 학부모 상담에 어느 정도 자신감이 생길 것이다.

1. 학부모 고민 해결

| 학습 태도 |

Q "아이가 공부에 관심이 없어요."

"선생님, 아이가 학교에서는 공부하는 것에 관심이 있나요? 집에서는 숙제도 하기 싫어하고 공부라는 것 자체를 너무 싫어해서 걱정이에요. 책도 읽으라고 해도 전혀 읽지를 않아요. 어떻게 해야 하죠?"

A 공부하는 것에 관심을 갖고 스스로 잘했으면 하는데, 자꾸 공부하기를 싫어하니 걱정되고 불안하시겠어요. 그러다 보면 점점 공부하라고 잔소리 아닌 잔소리를 하게 되니 아이는 더 싫어할 수도 있고요. 그런 학부모님의 마음이 충분히 느껴집니다. 공부는 평생에 걸쳐서 하게 되는 중요한 과업이니 더 걱정되시겠어요. 이럴 때는 아이의 학습 동기를 우선 고려해 보는 방법이 필요합니다. 공부라는 말과 학습이라는 말이 같은 말인데, 느낌은 조금 다릅니다. 공부가 어떤 시험이나 단기적인 목표를 갖는 것이라면 학습은 더 길고, 넓게 보는 관점이겠지요? 일단 학부모님께 공부라는 관점에서 학습이라는 관점으로 전환하시길 권해 드립니다. 학습은 한평생 이루어져야 하는 것입니다. 따라서 아이가 새로운 것을 배우고 익히는 것을 즐겁다고 느낄 수 있도록 도와주는 것이 필요해요. 책을 좋아하고 스스로 독서를 즐기기 원한다면 일정 기간 동안 보호자가 함께 책을 읽어 주는 것이 중요합니다. 무엇이든 재미를 느끼고 습관을 형성시키도록 도와주기 위해서는 일정 기간

함께 노력하는 방법밖에는 없습니다.

여기에 요령이나 특별한 방법은 사실 없습니다. 함께하는 시간만큼 습관이 형성될 것입니다. 유아기, 아동기 초반에는 주양육자의 행동, 생각, 정서, 감정 등을 미러링하기 때문입니다. 항상 배우는 것은 즐거운 것이라는 인식을 가질 수 있도록 함께 배우고 즐거워하시는 방법이 가장 효율적인 전략입니다.

Q "고학년인데도 공부를 재미없어 해요."

"선생님, 저학년 때는 그래도 아이가 공부하는 것에 재미를 붙이곤 했는데, 요즘에는 도통 공부에 재미를 못 붙이고 있는 것 같아요. 중학교 올라가고 앞으로 더 배울 것이 많을 텐데 정말 걱정입니다. 어떻게 해야 하죠?"

A 앞으로 진학을 하게 되면 점점 더 배울 것이 많은데 걱정이 되시겠어요. 고학년이 되어서 학습에 재미를 느끼지 않는 것은 몇 가지 원인이 있을 수 있습니다. 우선 심리적인 원인이 있을 수 있습니다. 심리적 원인이 되는 경우는 학습 동기 수준이 낮은 경우, 학습 결과에 대한 불안 수준 증가, 무기력이 대표적인 원인입니다. 학습 동기의 경우, 과목에 따른 학습 동기 수준을 찾을 수 있는 활동을 제안해 봅니다. 예를 들어 수학에 대해서 학습 동기가 낮은 아이의 경우 수학만 낮은데도 불구하고 자신은 공부가 재미없다는 식으로 일반화합니다. 이는 사실 수학에 대한 자신감이 없다 보니 나오는 핑계들이라고 할 수 있지요.

그러나 아이들에게 핑계 대지 말라고 말하는 것은 어떤 면에서 사태를 더 악화시킬 수 있습니다. 이런 경우 흥미가 낮은 것부터 조금이라도 높은 것까지 과목별로 일렬로 줄을 세워 보라고 해 보면 아이가 조금이라도 좋아하는 과목들이 있을 것입니다.

심리학자들의 연구에 의하면 초등학생들에게 공통적인 발달 과정이 있다고 합니다. 지금 단계에서는 직접 몸으로 하는 활동, 체육, 음악, 미술 등의 활동에 흥미가 있는 경우가 대부분입니다. 또한 고학년으로 올라갈수록 지식적인 측면에서도 흥미를 느낄 수 있습니다. 따라서 학습 동기를 점검할 때에도 아이의 동기 수준이 높은 것과 낮은 것을 있는 그대로 인정하고 앞으로 어떻게 하면 흥미를 가질 수 있을지, 함께 이야기해 보는 기회로 여기는 것이 필요합니다. 또한 학습 동기는 노력한 만큼 잘할 수 있다고 판단될 때 향상됩니다. 따라서 자신감을 회복하는 것, 잘할 수 있다는 것을 알아차리는 것, 희망을 가지는 것이 필요합니다.

한편 무기력의 경우는 학습에 관한 통제감을 길러 주는 것이 필요합니다. 통제감은 스스로 무엇인가 결정할 수 있다는 것을 뜻합니다. 학습을 하는 것에 있어서 재미를 느껴야 하는데, 그동안 어떤 학습 방법을 취했는지 아이와 함께 점검해 봅니다. 예를 들어 학습하는 방법도 여러 가지가 있는데, 부모가 일방적으로 정하여 밀어붙인 것은 아닌지 살펴보고 아이의 생각은 어떤지 함께 협의하고 절충하는 것이 필요합니다. 이는 사실 공부를 잘하는 학생들, 학습 결과가 좋은 학생들이 가진 모습이기도 합니다. 함께 민주적인 의사 결정을 통해 결정할 때 아이들의 통제감은 높아지고 이는 아이의 학습에 긍정적인 영향을 끼칩니다. 불안의 경우는 결과에 대한 두려움이 원인이 됩니다. 한편으로는 좀 더 잘해야 된다는 강박적인 생각들, 자기 자신에 대한 기대치가 높거나, 부모가 기대하는 기대치가 높을 때 불안은 높아집니다. 불안해지면 학습에 집중하기 어렵습니다. 적당한 긴장감과 불안은 학습 효율성을 높여 주기도 하지만 과도한 불안은 학습의 몰입을 방해합니다. 따라서 아이의 불안 원인이 어디에서 기인한 것인지 살펴보세요. 자신에 대한 기대치인지, 가족, 부모의 기대인지 아니면 또 다른 원인이 있는지를 살펴보는 것이 필요합니다. 불안을 낮출 수 있는 방법에는 '계획' 세우기를 합니다.

큰 계획, 중간 계획, 작은 계획 등 큰 덩어리부터 작은 하루하루의 계획까지 플래너를 작성하면서 불안 수준을 낮출 수 있습니다. 또한 실제 달성했는지의 여부를 체크하면서 실행하고 있는 자신의 모습을 스스로 발견할 수 있도록 하는 것이 효과적입니다.

또 걱정되는 순간에는 직접 무엇이라도 붙잡고 실천할 수 있는 실천력을 높여 주는 것이 필요합니다. 집중이 잘 안 될 때는 운동이나 다른 취미 생활로 잠시 불안을 잊어 보는 것도 효과적입니다. 이때 하지 말아야 할 말이, "불안해 하지 마! ", "다 잘될 거야!"라는 말입니다. 이런 취지로 다른 예를 들어 주는 것이 좋습니다. 불안해 하는 것은 스스로 선택한 것이 아니기 때문입니다. 또한 불안해 하는 것은 지금 있는 그대로의 모습을 인정할 때 사라지는 것이지 감정을 선택할 수 있는 것이 아니기 때문입니다.

Q "언제까지 아이를 끼고 공부를 시켜야 할지 모르겠어요."

"선생님, 아이가 내년이면 6학년인데, 아직도 공부의 기초가 안 되어 있어요. 제가 집에서 끼고 가르쳐도 아이가 공부를 잘하지 않는 것 같아요. 학습 결과도 좋지 않고요. 어떻게 해야 되죠?"

A 고학년인데, 아직 기초 학습 능력이 형성되어 있지 않아서 불안하고 초조하실 것 같아요. 학습에서 가장 중요한 것은 자신감입니다. 그런데 자존감이 낮아도, 효능감이 낮아도, 통제감이 낮아도 자신감은 올릴 수 있습니다. 그러나 "자신감을 갖고 해!" 라고 말한다고 해서 되는 경우는 거의 없습니다. 예를 들어 축구 선수가 공을 찰 때 "자신감 있게 슈팅을 해!" 라는 말을 한다고 해서 생겨날 자신감이면 벌써 축구 천재가 되었겠죠. 자신감은 본인만이 만들어 낼 수 있습니다. 다만 교사나 학부모는 그 자신감에 불을 붙여 주는 것이겠지요.

그럼 자신감은 어떻게 형성될 수 있을까요?

첫 번째 바로 '시간'입니다. 학습한 시간, 몰입한 시간, 문제집을 푼 시간, 생각한 시간, 연습한 시간이 자신감을 형성하는 가장 기초적인 단계입니다. 그렇게 형성된 자신감은 아이에게 도전할 수 있는 용기를 줍니다. 기초 학습 능력이 형성되지 않은 아이들은 저학년 시절부터 학습에 제대로 투입된 시간이 없다는 것과 같습니다. 이런 증상을 가진 아이들은 대부분 수학을 잘하지 못하는 경우가 많습니다. 수학은 학습에 투입한 시간과 집중한 시간을 정확하게 단계별로 보여 주는 과목이기 때문이죠. 따라서 자신감이 없고 기초 학습 능력이 형성되지 못한 아이는 수학부터 시작합니다. 수학은 의외로 단시간 안에 공부의 재미를 느끼게 만들어 주기 쉬운 과목입니다. 수학을 잘 못하는 것이 대부분 연산 능력의 부재입니다. 이런 경우는 연산을 계속 연습시켜 주세요. 4칙 연산부터 시작하여 연습하고 연습하다 보면 아이들이 재미도 느끼고 자신감도 형성됩니다.

기초 학습 능력의 두 번째는 역시 정리정돈입니다. 준비물, 숙제만 제대로 챙기고 주변 정리정돈만 잘해도 학습은 망가질 수 없습니다. 왜냐하면 이런 정리정돈은 다음 학습 활동을 직접적이고 분명하게 제시하기 때문입니다. 아무리 미루려고 해도 미룰 수가 없습니다.

Q "무엇을 배웠는지 기억이 안 난다고 해요. 정상인가요?"

"선생님, 아이가 학교에서 뭘 배웠냐고 물어보면 항상 잘 기억이 나지 않는다고 해요. 즐겁게 생활을 하는 것 같은데 뭘 배웠는지 기억 안 난다고 하니, 잘하고 있는지 불안합니다. 어떻게 해야 할까요?"

A 아이의 학교생활이나 배운 것을 듣고 싶지만 아이에게 물어보면 기억이 나지 않는다고 하니, 의미 있는 학교생활을 하는지 궁금하기도 하고 걱정도 되시겠어요.

아이들은 저학년일수록 본인이 경험한 내용들 하나하나가 모두 새롭게 학습하는 과정이기 때문에 생각보다 과도한 정보들이 입력됩니다. 즉 너무 많은 정보들이 입력되다 보니 오는 현상일 수도 있습니다. 또한 아이들은 수업 시간에 무엇을 배웠는지 물어보면 수업의 처음부터 끝까지 다 이야기해야 하는 것으로 오해할 수 있습니다. 따라서 가장 기억에 남는 단어(키워드)나 선생님께서 해 주신 재미난 이야기는 무엇인지 등을 가볍게 물어보는 것이 필요합니다. 또한 이럴 때는 기억 단서라는 것을 만들어 주거나 이미지를 회상시키는 질문들을 통해 물어보는 것이 효과적입니다. 예를 들어 우선 시간표를 보면서 선생님의 말씀 중에 가장 기억에 남는 단어는 무엇인지, 혹은 첫 시간 선생님의 표정 중에 기억나는 것은 무엇인지 등을 가볍게 물어보는 것부터 시작할 수 있습니다.

| 생활 습관 |

Q "준비물을 잘 못 챙겨요."

"선생님, 아이가 준비물도 잘 못 챙기고 매번 물건을 잃어버려요. 학교에서 수업 시간에 잘하고 있는지도 궁금하고요. 준비물이라도 잘 챙길 수 있는 방법은 없을까요? 벌써 2학년인데 아직 1학년 같아서 걱정입니다. 어떻게 해야 할까요?"

A 매번 물건을 잃어버리면 챙겨 주는 학부모님 입장에서도 화가 나고 짜증스러운 것도 사실입니다. 그리고 또 우리 아이가 물건도 못 챙기는데, 학교에서 수업은 잘하고 있을지 걱정도 되시겠어요.

이 시기의 아이들(어쩌면 어른도 마찬가지죠.)은 좋아하는 것이 아니면 '나의 것'에 대한 특별한 구별이 없습니다. 따라서 챙겨야 하는 물건에는 포스트잇으로 표시를 해 주고 등교하기 전에 이야기를 합니다. 이때 가장 중요한 것은 아이의 눈을 마주치고 함께 포스트잇을 손으로 가리키며 대화하는 것입니다. 눈을 마주치지 않고 말하는 것은 대부분 듣지 않는 것일 수도 있습니다. 그리고 챙겨야 하는 것, 해야 하는 일을 아이에게 직접 말해 보게 합니다. 이 과정은 천천히 이루어질 수 있도록 하고, 하나하나씩 따라하는 아이에게 듬뿍 칭찬을 해 줍니다. 이 과정은 칭찬까지 모두 '의미 있는 기억'이 이루어질 수 있도록 하는 과정입니다. 즉 언제 필요한가를 떠올리도록 '단서'를 제공하는 것입니다. 특히 가정 통신문과 같은 배부물은 '주머니 책받침'을 활용해서 하교하자마자 부모님께 보여 드리는 연습을 하는 것이 필요합니다. 또 저학년 시기에는 이를 학부모님이 가정 통신문이나 배부물이 없는지 먼저 물어보면 아이가 어느 순간부터는 가정 통신문이나 배부물을 받으면 먼저 이야기할 것입니다. 그때에는 자랑스러움을 칭찬에 듬뿍 담아 아이에게 전달하면 더욱 좋겠지요?

Q "너무 바빠서 아이를 돌보기가 어려워요."

"선생님, 맞벌이라 너무 바빠서 아이를 가정에서 돌볼 여유가 없어요. 그런데, 아이는 학교에서 돌아오면 딱히 공부를 하지 않는 것 같고 스스로 알아서 하지 않는 것 같아요. 아이에게 미안하기도 하고 걱정도 되는데, 어떻게 해야 할까요?"

A 맞벌이를 하시느라 아이의 학교 밖 생활에 대해서 걱정되실 듯합니다. 걱정만큼 할 수 있는 일이 없다는 생각으로 고민이 더 깊어지실 듯하고요. 스스로 공부할 수 있도록 습관을 형성하는 일이 우선인데,

습관이라는 것이 쉽게 형성되는 것도 아니니 더 걱정되시겠어요. 우선 학부모님의 상황이 그러하시니 학교생활 안에서 학습적인 부분은 끝 낼 수 있도록 아이와 이야기 나누도록 하겠습니다.

일단 학습에 대해서 우선시하는 것보다는 학습에 대한 '태도'를 형성 하는 것이 중요합니다. 그렇게 하기 위해서 학교에서는 사물함 정리하 는 법부터 습득할 수 있도록 반복 지도를 하고자 합니다.

학부모님께서 가정에서는 어떤 것을 교육해 주실 수 있을까요? 학습 에 관련한 것보다는 생활에 관한 것을 우선 교육해 주시면 학교에서도 도움이 됩니다. 예를 들어서 식사를 마친 후에는 그릇을 정리한다든지, 식사를 할 때 부모님을 도와준다든지, 아니면 다음 날 입을 옷을 미리 준비해 놓는 것 등이 있을 수 있겠지요?

또 신발을 벗어 놓고 가지런하게 정리하는 것, 학교에서 온 뒤에 가 방을 가지런히 정리하는 것 등을 가정에서 교육시켜 주시면 도움이 됩 니다. 아이가 가정에서 정리정돈하는 법을 습득하는 것만 해도 학교에 서의 자기 효능감이 높아집니다. 초등학교 저학년 생활의 절반은 정리 정돈으로 갈무리될 수 있습니다. 그리고 수업 시간에 눈만 바르게 마 주쳐도 충분합니다. 이것만 잘해도 자기주도 학습의 절반은 형성된 것 이니 꼭 이 부분은 가정에서 교육해 주시면 도움이 됩니다. 또한 가정 에서 잘한 점, 칭찬받을 점이 있으면 언제든지 문자로 연락 주세요. 학 교에서도 함께 아이에게 격려와 지지를 통해 스스로 성장할 수 있도록 지도하겠습니다.

Q "잔소리도 너무 지쳐요. 너무 게을러서 꼭 해야 할 일도 안 해요."

A 매년 1월 첫째 주에는 헬스클럽이 문전성시를 이룬다고 합니다. 그리고 3주째부터는 다시 예전과 같은 수준으로 돌아간다고 하더군요. 아무래도 무엇인가를 꾸준히 하려는 의지와 목표를 한 번에 달성하는 것은 쉬운 일이 아닌 것 같습니다.

학교에서도 마찬가지입니다. 학생들이 무엇인가 스스로 알아서 척 척 하는 것은 매우 드물고, 그런 일을 스스로 하는 학생은 특별한 학생 이라고 볼 수 있습니다. 방학 전에 학교에서 만든 계획표를 얼마나 지 키던가요? 부모님도 그 계획표를 보시고는 '이걸 지킬 수 있겠어?' 하는 의심이 절로 드실 겁니다. 이유는 해야 할 일의 덩어리는 너무 큰데, 그 것마저 시간과 묶여 있기 때문입니다. 가령, '아침 일찍 일어나서 밖에 나가 땀이 날 때까지 운동을 한다'라는 계획을 세웠다고 가정해 보면 '운동'이라는 큰 목표와 '아침 일찍'이라는 시간이 묶여서 대단한 의지 가 아니면 할 수 없는 목표가 됩니다. 그래서 늦게 일어나면 시간을 못 지키게 되어 목표 달성 의지가 없어지고, 아침에 일찍 일어났는데 밖에 비가 오면 핑계를 대고 다시 잠들어 버립니다. 그럼 어떻게 하면 좋을 까요?

처음 도전하는 학생에게는 '해야 할 일' 중심으로만 잘게 쪼개어 목 표를 달성할 수 있도록 하면 좋습니다. 자녀가 꼭 해야 할 하루 일과 를 리스트로 만들어 보세요. 그리고 매우 사소한 목표부터 시작합니다. '학교 끝나고 바로 학원에 간다.' 라는 목표를 '학교를 잘 마친다.' '학원 시간까지 쉰다.' '늦지 않게 시간 맞추어 버스에 탄다.' 목표로 리스트를 바꾸어 보세요. 뭔가 무척 늘어나는 것 같지만 이런 과정에는 중요한 포인트가 있습니다. '작은 성공의 법칙'입니다. 인간은 작은 성공 경험을 반복하면 다음 행동에 대한 동기 유발이 되고, 자신감을 가지게 됩니다. 아이가 잘못하는 것만 리스트에 포함하지 마시고 사소하지만 잘하고 있는 것, 했을 때 기분이 좋아지는 것, 하고 싶은 것들도 리스트에 같이 포함시켜 주세요. 리스트의 한 칸 한 칸 채워 가는 재미와 더불어 못하는 것보다 잘하고 있는 게 더 많은 아이로 부모님과 학생 모두 느낄 수 있을 겁니다.

Q "스마트폰 문제, 쉽지 않은 것 잘 알아요. 그래도 방법이 없을까요?"

A 최근 스마트폰과 관련한 과몰입 문제는 크게 유튜브, 게임, 채팅 등으로 나눌 수 있는데 모두 물리적, 정서적인 부분에서 살펴보아야 합니다. 학생이 물리적으로 스마트폰을 할 수밖에 없는 상황(혼자 있는 시간, 가족들의 대화 부족 혹은 스마트폰 많이 쓰는 문화)과 정서적으로 게임, SNS를 통해 만족을 얻으려는 심리적 상황을 함께 고민하는 시간을 가져야 합니다. 여기서 중요하게 짚고 넘어가야 할 점이 있는데, '넌 스마트폰(게임) 중독이야.'라고 말하며 강한 통제를 하는 것은 문제를 악화시킬 뿐입니다.

실제로 학생들 대부분이 자신이 과몰입하고 있다는 것을 알지만, 그것을 적나라하게 지적을 당하면 반발심만 불러일으킵니다. 이 이야기로 학생들과 토론을 하면 가장 자주 나오는 말이 "엄마는 하지 말라면서 더 많이 한다." "아빠도 게임 때문에 엄마한테 혼난다. 그런데 내가 더 혼난다."와 같은 성토를 쏟아냅니다. 그러므로 정말 자녀의 스마트폰 관련 과몰입 문제를 해결하고 싶으시다면 가족 전체가 고민하여 작은 목표부터 실천해 보는 것이 좋습니다. 우선, 식사 시간에는 사용하지 않는다거나 사용 통제 앱을 약속 하에 함께 설치하기 등의 규칙을 정하는 것이 순서입니다. 그리고 특히, 자녀가 자주 사용하는 앱, 게임, 유튜브 구독 채널은 반드시 알아 두고 가끔씩 확인해 보시는 것이 좋습니다. 처음에는 부모와 자녀가 함께 노력하는 모습을 보여 주셔야 합니다. 단순히 시간을 줄이는 것부터 시작해서 가족 전체의 약속까지 '학생'의 생활 습관뿐 아니라 가족이 다 같이 노력하려는 자세가 필요합니다. '자녀만' 지켜야 하는 약속은 약속이라고 보기 어렵습니다.

| 교우 관계 |

Q "아이가 너무 친구를 좋아해서, 어떤 날은 하루 종일 밖에 있어요."
Q "아이가 너무 집에만 있어요. 혼자 있는 걸 좋아해서 친구들과 학교에서 잘 지내는 건지 걱정돼요."

A 한참 성장하는 시기에 다양한 친구들과 만나며 소통하고 사회적 관계를 맺는 것은 중요한 일입니다. 그 과정에서 지나치게 힘을 많이 소모하거나 소극적인 모습을 보게 되면 부모로서 걱정이 되실 겁니다. 세상이 많이 변했고, 사람들이 인간관계를 맺는 방식이나 형태, 유지하는 방법 또한 변했습니다. 부모님의 어린 시절, 친한 친구들의 전화번호 정도는 5개 이상 외워야 했고, 동네 친구들과 우루루 몰려다니며 놀

았던 기억이 있으실 겁니다. 그로부터 지금까지 이어져 온 수많은 인간관계에서 변하지 않는 것이 딱 한 가지 있습니다.

사람은 자신과 비슷한 성향의 사람들과 있을 때 편안함을 느끼고, 자신의 취향에 따라 함께 놀 그룹과 아닌 그룹을 구분한다는 것입니다. 우리 학생들 또한 그렇습니다. 다양한 학생들과 두루두루 사귀지만 친목의 목적과 방향에 집중하며 즐거움을 얻는 학생이 있고, 소수의 학생들과 깊게 오랜 시간을 공을 들여 만나면서 정서적 안정을 추구하는 학생도 있습니다. 그러므로 인간관계의 다양함과 깊이는 개인의 성격과 취향의 문제일 뿐, 걱정하실 문제가 아닙니다. 오히려 그런 걱정이 자녀에게는 인간관계를 맺는 데 스트레스가 될 수 있습니다.

최근, 모바일로 소통하고 많은 가족과 형제들과의 생활을 경험하지 않는 학생들은 그 자체로 개인주의적인 성향을 띱니다. 기본적으로 취향적인 접근은 가볍고, 정서적으로 유대할 때 매우 깊숙하게 연결됩니다. 언제든지 대화할 수 있고, 모든 정보를 쉽게 공유할 수 있기 때문이죠. 그러므로 부모님께서는 자녀의 인간관계가 다양한지 아닌지보다는 '건강한 사회적 관계'를 맺고 있는지에 더 관심을 두셔야 합니다. 함께하는 친구들과 평등한 관계인지, 내 자녀가 학교 폭력의 가해자, 혹은 피해자가 될 여지는 없는지, 함께 공유하고 향유하는 문화와 놀이는 건전한지 등에 관심을 두시는 것이 더 좋습니다.

| 자녀와의 관계 |

Q "사춘기일까요? 이제는 저와 잘 대화를 하지 않으려고 해요."

A 어렸을 때는 알아서 재잘재잘 잘 이야기하던 아이가 어느 날부터 부쩍 말수가 줄고 학교 일을 이야기하지 않으려고 합니다. 왜 그럴까요? 혹시 부모님은 학교에서 돌아온 자녀와의 첫 대화를 어떻게 시작하는지 떠올려 봐 주세요. 혹시 첫 대화 시작을 "~했어?"와 같이 체크리스트 형으로 하지는 않으셨나요?

"학교 잘 갔다 왔니?" "학원 가야지?" "밥은 먹었니?" 이런 질문에는 대부분 '예', '아니오'로 답할 수밖에 없기에 학생들은 설문지 작성하듯 대충 대답을 해 버리게 됩니다. 학생들은 대화가 아닌 '검사'로 생각하게 될 가능성이 높습니다.

이제는 학생에게 학생이 잘 모를 부모의 일상을 털어놓고, 학교의 이야기로 자연스럽게 전환하는 건 어떨까요?

"아빠가 오늘 일을 하다가 재밌는 걸 봤어, (중략) 그런데 ○○이는 오늘 수업 시간에 재미있는 이야기 들은 건 없니?" "오늘 점심에 미역국을 먹다가 돌을 씹었지 뭐야, ○○이 오늘 점심식사에는 뭐가 제일 별로였어?" 같이 구체적으로 부모와 나를 이어 주는 질문을 하면 서로 연결되어 있는 느낌을 받습니다. 질문에 조금 공을 들이면 아이들의 답변도 성의 있게 바뀝니다. 그런데 이렇게 성의 있게 이야기하는 데도 아이가 심드렁하다면 지금 아이들은 부모님과 대화할 기분이 아닌 겁니다. 걱정스러운 마음에 바로 캐내려 하지 마시고, 기분이 나아지면 다시 이야기하자고 다독여 주시는 게 좋습니다. 이런 부모님의 노력은 아이에게 '부모님이 나에게 노력하고 있음, 존중하고 있음'의 긍정적 신호를 보내는 것입니다.

대략 초등학교부터 중학교까지의 학생들은 두뇌 발달 상 변연계의 뇌로 사고하는 단계입니다. 이때 판단은 나의 감정을 받아 주고 호감을 느끼는 상대의 판단에 기대게 됩니다. 그런데 이 시기에 부모와 자녀는 잦은 다툼으로 '적'이 될 확률이 높기 때문에 점점 더 부모와 갈등이 깊어집니다. 그러므로 이 시기가 시작되기 전 '한 팀', '우리'라는 느낌을 많이 받을 수 있도록 감정을 받아 주고 읽어 주려고 노력해야 합니다.

Q "받아 주는 것도 한도 끝도 없어요. 가끔은 부모인 내게도 상처 주는 아이, 어쩌죠?"

감정을 받아 주고 읽는 것까지는 좋습니다. 그러나 끊임없이 요구하고 그 수위가 높아질 때는 어떻게 해야 할까요?

교실에서도 똑같은 일이 자주 생깁니다. 학생들의 제안과 협상, 타협은 늘 교사에게도 고민인 순간입니다. 하지만 들어 본 후, 합리적이고 문제가 되지 않는다면 믿어 주며 들어 줍니다. 그러나 안 되는 건 끝까지 안 됩니다. 정확히 말하고 더 이상 듣지 않습니다. "다른 친구들은 다하는데……"로 자녀가 접근하면 지금 다른 친구와 부모를 비교하는 것인지 정확히 묻고 다른 친구들과 비교하지 않도록 주의를 줘야 합니다. 부모의 입장에서 다른 부모님에 대한 비교는 상처가 될 수 있음을 이야기해 줘야 합니다. 부모님도 자녀를 다른 학생과 비교하지 않을 것이기 때문입니다. "그럼 너도 친구 ○○처럼 공부 1등해."와 같이 비아냥거리는 식으로 접근하면 자녀는 자신이 잘못한 것은 잊고 비교 당한 사실만 가지고 부모를 원망하게 됩니다. 최근 교사들에게 훈육에 있어 지침 같은 말이 있습니다. '친절하고 단호하게' 자녀의 감정을 충분히 들어 주되, 안 되는 이유를 적절히 설명하고 떼를 쓰는 것에는 단호하게 대처하시기 바랍니다.

| 사교육 고민 |

Q "학원 때문에 걱정이에요. 보내야 할까요?"

A 양육의 책임은 온전히 부모에게 있습니다. 그러므로 그런 고민을 이야기하면 제가 내릴 수 있는 답은 '걱정 말고 보내셔도 된다'입니다. 다만, 보내기 전에 왜 보내는지 부모님이 기대하는 부분은 무엇인지 확실하게 이야기하셔야 합니다. 그리고 학생에게 학원을 가는 것에 대해 어떤 생각을 가지고 있는지 물어보고 정기적으로 감정과 생활에 관심을 가져 주어야 합니다.

처음엔 즐겁게 가다가도 일상이 되어 버리면 학생들은 지쳐 버리고 어느 순간 '학원을 가 드리고' 있는 자신의 모습을 발견하게 됩니다, 나를 위해서가 아닌 부모를 위해서 노동을 하고 있다는 생각을 가지게 되면서 부모님과 감정적으로 충돌하게 되었을 때, 다음과 같은 멘트를 합니다. "엄마가 해 달라는 거 다 해 줬잖아!" "내가 하고 싶은 건 아무

것도 못하게 하는 거야!" 부모님은 억울합니다. 학원이 부모를 위해 다니는 건가요? 그동안 "제가 해 달라는 거 다 해 줬는데!"라며 무슨 소리냐 하실 겁니다.

학생은 '자아'가 있기 때문에 '내가 부모님의 말씀은 듣지만, 그래도 나는 내가 하고 싶은 걸 하고 싶다'는 아주 그 나이 대에 맞는 발상을 합니다. 그러므로 부모님은 게임 속 아바타가 아닌 인간으로서 자녀를 존중하고 요구와 불평에 대해 깊이 있게 듣는 '척'이라도 해 주셔야 합니다.

학생은 자신이 다치거나 안전하지 않음으로써 부모에게 상처를 줄 수 있다는 사실을 압니다. 그리고 가끔은 이 사실을 적극적으로 사용할 수 있는 감정 상태가 종종 온다는 것을 기억해 두셨으면 합니다.

2. 선생님 고민 해결

| 상담 전, 학생 파악이 고민될 때 |

Q "뭐든 잘하는 학생에게는 딱히 할 말이 없어서 고민이 돼요. 학기 초부터 잘해서 변화된 모습을 칭찬해 주는 것도 쉽지 않아요. 어떻게 해야 하나요?"

A 학년 초부터 무엇이든 잘하는 학생은 딱히 할 말이 없는 것이 사실입니다. 태도도 좋고, 무엇이든 잘하는 학생의 학부모에게 부족한 부분을 일부러 찾아 말하는 것도 난감한 일이죠. 그런데 학부모는 무엇인가 더 필요한 것은 없는지 궁금해 합니다. 이럴 때는 이렇게 해 보세요.

학부모의 욕구부터 파악해야 합니다. 무엇이든 잘하는 학생의 학부모는 학생에 대해서 어떤 기대가 있을까요? 지금 현 상태를 유지하는 것이 목표는 아닐 것입니다. 이런 사례에서는 학생의 진로에 대한 고민을 함께 나누는 것이 필요합니다. 현 상태에 대한 정보 교류가 학부모 상담의 기본적인 출발점이지만, 이미 잘하고 있는 학생의 경우 더 잘하고 미래에 대한 준비, 즉 진로에 관한 정보나 고민을 함께 나누는 점이 필요합니다. 사전에 학생의 적성을 파악하고, 흥미를 알아보고 학생의 진로 희망을 알아보는 것이 효과적입니다. 또한 진로와 관련된 정보를 제공하면 학생에게 더욱 의미 있는 시간이 될 것입니다.

Q "학생이 많아서 학기 초에 학생에 대해서 파악할 시간이 부족해요. 잘

모르는 상태에서 상담하기가 두려워요. 무슨 방법이 없을까요?"

A 학생이 많은 경우, 학생을 한 명 한 명 세밀하게 파악하는 것이 보통 힘든 일은 아닙니다. 학생에 대해 잘 아는 것이 없을 때에 학부모 상담을 하면 난처한 상황에 놓일 확률이 높기 때문에 두려운 것도 사실이지요. 이런 경우에는 학생들과 함께 여러 가지 활동을 해 보시길 권합니다. 예를 들어서 '나의 뇌 구조' 활동지나 간단한 '문장 완성 검사'를 통해 학부모 상담 전 학생의 생각을 알아보는 것이 효과적입니다. 문장 완성 검사는 상담 영역에서 투사적 심리 검사로 개발되어 본격적으로 활용되었습니다. SCTSentence Completion Test라고 불리기도 하며 미완성된 문장을 참여자가 완성시키는 형태의 검사입니다. 상담실에서 활용하는 문장 완성 검사는 보통 초기 접수 상담에서 많이 활용합니다. 선생님들께서 알고 싶은 점을 앞 문장에 쓰고 뒷 문장에는 _____로 두어 학생이 직접 쓰게 만드는 것입니다. 비교적 최근에는 이를 활용한 다양한 교수 학습 방법도 등장하고 학급 운영도 소개되고 있어서 많이 접해 보셨을 것입니다. 예를 들어서 다음과 같은 문장 완성 지문을 만들 수 있습니다.

1. 나에게 6학년이란_____ 그 이유는 _____.
2. 선생님은 나를 _____ 할 것이다. 왜냐하면 _____.
3. 나의 숨어 있는 장점은 _____이다.
4. 나는 _____약점이 있다.
5. 부모님께서는 _____하시다.

고학년의 경우에는 이런 질문 지문도 직접 만들어서 활용하면 자신을 표현할 좋은 기회가 됩니다. 이런 예비 정보를 반 학생들과 함께 나누고, 또 학부모와 함께 이 의미를 나누는 것이 효과적입니다. 저학년의 경우에는 그림으로 학교생활이나 나의 바람, 꿈, 목표 등을 그려 보라고 할 수 있습니다.

결국 학년 초에 학생의 마음을 알 수 있는 다양한 활동들을 통하여 학부모 상담을 준비하는 것이 효과적입니다. (문장 완성 검사는 동일한 질문이라도 수행할 때마다 달라질 수 있습니다. 따라서 절대불변의 답이라고 생각하시는 것보다는 현재 이런 생각들을 하는 것을 알려 줄 뿐이니 이 점 명심하셔야 합니다.)

참고로 심리 치료에서는 로샤 검사와 주제 통각 검사(TAT)라는 투사적 검사도 있습니다. 이런 검사는 그림이나 사진을 두고 어떻게 보이는지 해석하는 방식이나 전문적인 훈련을 받아야 의미 있고 안전한 해석이 됩니다. 뇌 구조 활동지는 Part 2를 참고해서 구체적으로 살펴보시기 바랍니다.

Q "특별히 잘하는 분야가 잘 발견되지 않는 학생의 학부모와 상담이 곤혹스러워요. 뭘 어떻게 말해야 할지 모르겠어요."

A 학부모가 학교에 오면 학생에 대해서 칭찬을 좀 하고 싶은데, 잘하는 분야를 잘 찾지 못할 때는 무척 난감합니다. 특히 동급 친구들과의 비교, 경쟁에 민감한 학부모님을 앞에 두고 잘하는 것을 발견하지 못한 것에 대한 불편함도 있을 수밖에 없지요. 이런 사례는 세 가지 방법으

로 접근할 수 있습니다.

첫 번째는 잘하는 분야, 즉 능력, 결과 중심의 관점에서 태도, 자세의 관점으로 바꾸어서 칭찬할 것을 찾아보는 것입니다. 학습 결과가 원하는 만큼 나오진 않았지만 노력하는 자세를 칭찬하거나 관심 있게 보는 것은 얼마든지 가능합니다. 또 학생의 내면 성장과 발전을 위해서는 이런 태도와 자세를 칭찬하고 격려하는 것이 더 효과적이기도 합니다. 결과를 중심으로 놓지 않고 과정과 태도, 자세를 유심히 관찰하면 학생의 잠재력과 장점이 보일 것입니다. 이것을 학부모님께 이야기하는 것은 학부모와의 작업동맹 형성에도 큰 영향을 미치고 학생의 학교생활에도 긍정적인 영향을 줄 것입니다. 두 번째로 학생이 잘하는 것을 시작점으로 두고 관찰하는 것입니다. 예를 들어, 연필 글씨를 반듯하게 쓰지 못하는 학생을 칭찬하기 위해서는 연필을 쥐는 것을 잘하면 그것부터 칭찬을 할 수 있습니다. 학부모가 그것이 무슨 칭찬거리가 되냐고 반문하신다면 다음과 같은 취지로 이야기할 수 있겠지요.

"연필 글씨가 원하는 모양으로 나오기 위해서는 수많은 미세 근육들을 이용해야 합니다. 이것은 운동과 같은 원리이기 때문에 연습을 많이 해야 잘할 수 있습니다. 연필을 잘 잡는 것은 그 연습의 절반을 한 것이기에 이 노력과 태도를 함께 칭찬해 주고 싶습니다. 그래야 결국 연필 글씨를 원하는 글씨체로 쓸 수 있을 것입니다."

세 번째로, 칭찬할 수 있는 것을 찾아서 수행하게 한 후 칭찬해 주는 방법이 있습니다. 눈에 띄게 잘하는 아이는 처음부터 보이지 않습니다. 보인다고 하더라도 흔하지 않고요. 따라서 잘할 수 있는 것을 찾아서 수행하게 한 후 그것을 칭찬해 주고 격려해 준다면 학생의 마음에 성장의 씨앗을 뿌리는 것과 같습니다.

| 상담 중, 난감한 상황에 처했을 때 |

Q "너무나 개인적인 것을 집요하게 묻는(결혼 유무, 연애, 외모, 집안 내력 등) 학부모는 어떻게 대처해야 할까요?"

A 개인적인 질문을 하는 것은 몇 가지 예상되는 원인이 있어 보입니다. 첫 번째는 원래 개인사에 관심이 많은 학부모일 가능성, 두 번째는 교사에 대한 높은 호감도의 표현입니다. 세 번째는 학생을 주제로 이야기 나누고 싶지 않은 것(즉 이야기 주제를 돌려서 학생에 대한 부정적인 평가를 회피하는 것)입니다. 그러나 어떤 이유에서라도 교사에게는 불쾌하거나 불편한 질문일 가능성이 높습니다.

집요한 질문을 받은 후에는 우선 가벼운 반영으로 대답하고 학생에 대한 상담 주제와 목표를 언급하는 것이 좋습니다. 예를 들어 "제가 결혼했는지가 궁금하시군요? 그런데 오늘 주어진 시간에 아이의 교우 관계에 대해서 이야기를 나누기로 했으니까요. 가정에서 아이가 교우 관계에 대해 주로 어떤 이야기를 하나요?"로 대답할 수 있습니다. 즉 학부모의 궁금함을 있는 그대로 반영하고, 오늘 상황에 대한 설명(주어진 시간에 다룰 상담 내용)을 함으로써 주의를 환기시키는 전략입니다. 이렇게 했음에도 불구하고 학부모가 집요하게 질문을 한다면 교사의 불편한 마음을 정중히 표현하여 전달해야 합니다. 불편함을 쌓아 놓고 있다가 전달하면 나도 모르게 쌓인 감정을 화로 내는 경우가 있습니다. 선생님이 그런 스타일이라면 작은 불편함을 느꼈을 때 그 불편함을 바로 표현하는 것이 필요합니다.

Q "작년 담임 선생님을 흉보며 동의를 구할 때, 또는 우리 반의 다른 학생을 비난하며 그 학생에 대해 이야기하는 학부모는 어떻게 대처를 해야 할까요?"

A 작년 담임 선생님의 흉을 보는 이유를 생각해 볼까요? 예상되는 이유에 따라 조금씩 접근 방식이 다르지만 결국에는 '지금 여기'의 문제로 설명할 수 있습니다.

첫째, 작년에 정말 담임 선생님과 아이가 잘 맞지 않은 경우입니다.

이 상황에서 학부모는 작년 담임 선생님을 흉보면서 현재의 담임 선생님께 기대를 표현하려는 것일 수 있습니다. 그러나 그 작년 담임 선생님은 지금 선생님과 너무 친한 관계일 수 있지요. 따라서 작년 담임 선생님에 대한 언급은 하지 않고 올해 어떤 점이 잘 맞는지 확인하고 다음 주제로 넘어가는 것이 필요합니다.

둘째, 지금 담임 선생님을 칭찬하기 위해, 혹은 담임 선생님이 자녀에게 더 관심을 보여 주었으면 하는 바람을 표현한 경우입니다. 현재 담임 선생님을 칭찬하는 방법을 서툴게 표현하거나 아님 앞으로 더 많이 관심을 달라는 표현일 수 있습니다. 어떤 것이 원인이 되었든 같은 교직원을 흉보면 마음이 불편해집니다. 내년도에는 나도 그 타겟이 되지 않을까? 고민도 될 수 있고요. 이런 경우에는 어디에도 편을 들 수 없습니다. 편을 들어서도 안 되고요. 자칫 잘못하면 더 큰 오해를 받을 수 있습니다. 따라서 작년 이야기를 '지금 여기'로 변환시켜야 합니다. "작년에는 속상하셨군요? 올해는 아이가 어떤 모습을 더 가지기를 원하시나요?"와 같이 작년은 가볍게 넘기고 올해, 지금 상담의 목표와 목적에 집중하도록 질문을 하는 것이 필요합니다. 그럼에도 불구하고 계속 작년 일, 지난 일에 집착한다면 솔직하게 남아 있는 시간이 부족함을 이야기하는 것이 필요합니다.

Q "아이를 잘못 키웠다고 자책하고 (혹은 우시는) 부모님은 어떻게 대해야 할까요?"

A 자책하는 학부모를 만나면, 교사 역시 당황스럽습니다. 대한민국의 많은 부모들은 자신의 아이에 대해 죄책감, 미안함을 가지고 있는 경향이 있습니다. 타인과의 경쟁이 심한 사회적·문화적 분위기 때문일 수도 있습니다. 그리고 아이에 대한 교육을 잘해야 한다는 심한 압박감을 받다 보면 상담 중에 눈물을 보일 수도 있습니다. 눈물을 흘리는 학부모님께 잠시 눈물을 흘릴 시간을 주시는 것도 방법입니다. 눈물을 흘리실 때는 조용히 휴지를 드리거나 잠시 그 감정에 머물러 있어 주는 것도 공감의 방법입니다. 이런 상황은 자신의 감정에 몰입되어 있고 한편으로는 자책감의 압박을 덜어 내고 싶은 마음일 것입니다. 따라서 눈물이 멈추고 난 후에는 학부모의 마음을 읽어 주고 앞으로 자녀 교육을 어떻게 할지 함께 계획을 세우며 '작업동맹'을 형성하는 것이 필요합니다.

Q "선생님이 아직 …해서 잘 모르시나 봐요. 라는 식의 말을 들으면 어떻

게 반응해야 할까요?"

A 이런 경우는 참 난감합니다. 결혼을 안 해서, 아이가 없어서, 어떤 것이든 본인의 아이를 잘 이해하지 못한다고 가정한다면 대화 상대로써 무시당하는 기분이 듭니다. 이런 말을 하는 학부모는 사실 효과적인 의사소통 능력을 가진 분은 아닐 것입니다. 왜 그럴까요? 이미 대화 상대의 마음을 상하게 했으니 효과적인 의사소통 능력을 갖추었다 볼 수 없는 것입니다. 개인적으로도 이런 이야기를 들으면 당황스럽습니다. 그러나 이것에 대해 더 언급하지 않습니다. 결혼을 안 한 것을 안 했다고 말하니 더 말할 필요가 없는 것이지요. 사실이 다른 경우에는 다르다고 말할 수도 있습니다. 그러나 사실을 말해서 '상담을 잘 모른다'고 여기더라도 크게 개의치 않습니다. 어차피 사실이든 아니든 '잘 모른다'라고 생각할 테니까요.

이런 부분에서 불편한 감정을 느끼긴 하지만 이럴 때일수록 더 단도 진입적으로 하고 싶은 말씀을 하시라고 이야기합니다.

"학부모님께서 설명해 주시면 더 잘 이해가 될 것 같아요. 어떤 면이 있는 것인가요? 제가 모르는 부분이 있었다면 지금 말씀해 주세요."

어쩌면 학부모가 자녀에 대해 왜곡된 생각을 갖고 있을지도 모릅니다. 그러나 그렇다 하더라도 그것에 대해서 사리논쟁(맞고 틀리고 논쟁)을 하지 않는 것이 필요합니다. 학부모 상담에서 중요하게 평가할 것은 학생을 좀 더 잘 알 수 있는 정보와 학부모의 도움이지, 학부모의 의사소통 능력이 아니기 때문입니다. 이럴 때일수록 본질과 핵심에 더 다가가는 용기를 내는 것이 해결의 지름길입니다.

| 상담 중, 오해 해소와 더 나은 해결이 필요할 때 |

Q "솔직한 답을 원하는 학부모에게 정말로 솔직하게 말하는 게 맞을까요? 성적표에 너무 솔직하게 쓰셨다며 속상하다고 말씀하시는 학부모님들 만날 때마다 놀라요."

A 진솔성은 모든 상담의 기본 원칙입니다. 솔직한 답을 원하는 학부모에게 솔직하게 말하는 것이 잘못은 아닙니다. 그러나 반드시 생각해야 할 지점이 있습니다. 학부모가 솔직하게 말해 달라는 요구가 아이의 단점을 파헤쳐 달라는 의미는 아닐 것입니다. '솔직하게'라는 말을 '진솔하게'라는 말로 바꾸어서 생각해 보시면 느낌이 미묘하게 달라짐을 알 수 있습니다.

학부모가 솔직하게 말해 달라는 말을 '솔까말(솔직히 까놓고 말해서)'로만 이해한다면 그것은 어쩌면 오해입니다. 따라서 아이가 가진 객관적인 사실을 정보 교류 차원에서 제공한다고 생각하면 덜 불편할 수 있습니다. 예를 들어 친구들과 폭넓게 사귀고 싶은데, 잘 안 되는 친구 A가 있습니다. 마침 학부모의 고민 역시 A가 친구랑 폭넓게 사귀었으면 하는 것입니다. 학부모가 "우리 아이가 친구랑 잘 지내나요? 솔직하게 말해 주세요."라고 말했다면 이는 지금 그것에 대한 평가를 하자는 뜻이 아닙니다. 따라서 현재 학생이 노력하거나 관심 갖고 있는 지점을 언급하고, 현재의 상태에 대한 앞으로의 지향점을 진솔하게 표현합니다. "네, 아이가 친구와 잘 지내려고 노력하고 있는데, 노력만큼 만족하지는 않는 것 같아요.","친구와 잘 지내려고 시도를 하고 있습니다.

그런데 아직까지는 효과적인 방법을 찾지 못한 것 같아요. 저도 무엇을 도와줘야 할지 고민입니다." 억지로 좋게 말하는 것이 아니라, 학생의 성장과 발전을 촉진하고 싶다는 선생님의 바람을 함께 전달하는 표현이 필요합니다.

Q "'그래서 우리 아이가 이상하다는 건가요?' 오해의 반응이 나올 때는 어떻게 할까요?"

A 조심스럽게 학생의 학교생활에 대해서 학부모님께 알려 드렸는데, 갑자기 냉소적으로 되받아치거나 화를 내며 반응을 할 때 무척 당황스럽고 또 억울하기도 합니다. 이런 오해를 받은 날은 교사로서 무척 소진이 되고 힘이 들지요. 이럴 때 순간 당황스럽습니다. 일단 여기서 학생에 대한 정보를 전달할 때 비판적이고 평가적인 단어를 활용한 것은 아닌지 점검해 보는 것이 좋습니다. '다른 친구들이 말을 걸면 갑자기 버럭 해서 아이들이 놀랍니다. 그래서 아이가 다른 친구들과 친해지기를 어려워해요'라는 말을 했었는데 '그래서 우리 아이가 이상하다는 건가요?' 라는 대답이 나왔습니다. 다양한 해석이 가능하지만 자세히 살펴볼까요?

학부모는 교사가 학생을 심리적 문제가 있는 아이로 '낙인' 찍었다고 생각하는 것이 주된 원인입니다. 따라서 가장 먼저 해야 할 일은 학부모가 오해한 지점. 즉 낙인을 찍은 것이 아님을 확실히 밝힙니다.

"저는 아이가 이상하다고 생각하지 않습니다. 어릴 적에 좌충우돌하면서 의사소통 기술도 습득하는 것이니까요. 그런 과정이 없는 것이 오히려 더 이상한 것 아닐까요?"

다음으로 앞으로 아이의 어떤 지점을 함께 도울 것인지 제안해 보도록 합니다. 예를 들어 이렇게 제안해 보는 것입니다.

"다른 친구들이 말을 걸면, 본인의 일이나 감정이 방해받는 느낌을 받는 듯합니다. 친구들이 말을 걸면 생각을 멈추고 일단 무슨 말인지 들어 본 후 판단하는 연습을 하면 큰 도움이 될 텐데, 학부모님은 어떻게 생각하세요?"

위의 예에서의 학생은 친구들이나 주변 사람들에게 무시당하거나 놀림을 당한 경험이 오래도록 각인이 되어 말만 걸어도 비난으로 여기는 인식을 가지고 있습니다. 문제는 이런 사실만 나열하기보다 해결 방안과 함께 제시하는 것이 효과적일 것입니다. 학부모도 인지하고 있는 내용이지만 어떻게 할지 모르는 상황일 수 있기 때문입니다.

Q "사교육에 관한 질문을 받을 때 난감합니다. 학원을 보내야 하는지, 중단하여야 하는지를 물어봐요. 어떻게 할까요?"

A 그렇죠. 학원을 보내야 할지 말아야 할지 사교육의 실시 여부도 학부모 상담 주제가 되니 선생님의 입장에서는 뭐라고 답할지 난감한 일일 겁니다. 그런데 사교육 여부를 담임교사에게 물어본다는 것은 학부모가 교사의 전문성을 인정하기 때문이라고도 할 수 있습니다. 또 그만큼 믿고 신뢰한다는 뜻이겠지요. 여러 가지 대답을 할 수 있으나 이렇게 답해 보는 것은 어떨까요?

"학부모님께서 학원을 보내려는 목적(혹은 중단하려는 목적)이 무엇인가요?"

이런 질문을 받게 되면 학부모는 이렇게 대답하는 경우가 있습니다.

"*학년 정도 되면 이제 슬슬 학원 보내야 하지 않나요?"

"다들 학원을 보내는데, 가만히 있으면 안 될 것 같아서요."

즉 본인의 뚜렷한 목적이 없이 학원을 보내야 한다는 분위기, 심리적인 압박감, 근거 없는 불안 때문에 학원을 보내게 됩니다. (사실 학원을 보내는 것에 대한 뚜렷한 목적 의식이 있는 학부모는 이런 종류의 질문을 하지 않지요.) 따라서 학원에 관한 본인의 선택에 확신을 얻고자 하는 질문이라고 볼 수 있습니다. 선택에 대한 확신을 높이고 그 결과에 대한 만족도를 높이기 위해서 필요한 것은 바로 '목적'이 무엇인가 점검해 보는 것입니다. 선생님께서 학부모님께 드릴 수 있는 도움은 이런 지점이겠지요. 목적을 다시 상기해 보고 그 목적에 부합하는지 함께 생각을 나누는 것이 최선의 도움이라 생각합니다. 교실 밖의 문제와 관련하여 학부모의 선택에 교사가 깊게 관여하거나 권유하면 그 선택에 대한 책임은 선생님의 몫이 되니 조심해야겠지요?

Q "내년에는 특정 아이와 같은 반 안 되게 해 달라, 짝꿍 바꿔 달라는 식의 무리한 부탁은 어떻게 해야 할까요?"

A 특정 아이를 언급하면서 말하는 것도 참 안타까운 일이지만 이런 요구가 반복될 때 학부모는 단순한 제안과 부탁을 넘어서서 학급 운영에 대한 원칙을 훼손시키는 것 같아 무척 당황스럽고 불쾌할 수 있습니다. 따라서 차분하고 여유로운 대처가 필요합니다.

특정 아이와 같은 반이 안 되게 해 달라는 요구에는 일단 분반 작업의 결과는 Neis 시스템에 의해 학교장 결재 사항이니, 학교 또는 학년 교육과정상의 내부적인 몇 가지 규칙들로 분반 작업을 하게 됨을 알려 드리는 것이 필요합니다. 특정 아이와 같은 반이 안 되게 하는 이유를 듣고 고려는 하지만 학년 단위에서 조정이 있을 수 있으므로 장담은 할 수 없다고 이야기하도록 합니다. 짝꿍을 바꾸는 문제는 학생과의 약속, 학급 운영, 수업 형태나 방법에 따라 달라지는 문제임을 주지시키고 어떤 이유로 바꿔야 하는지 살펴보는 것이 효과적입니다. 짝꿍을 바꿔 달라는 이유를 듣는 과정에서 학부모가 원하는 바를 알 수 있고 근본적인 원인을 찾을 단서를 발견할 수 있습니다.

Q "이미 해결된 교우 관계 갈등에 대해 상처받은 일, 학부모끼리의 일을 하소연하는데 어떻게 하면 공정하게 문제 없이 말할 수 있을까요?"

A 지나간 일에 대한 하소연을 들으면 과거를 뜯어고칠 수도 없고 난감한 일입니다. 이런 경우 과거에 대한 현재의 평가를 바꾸는 것 외에는 답이 없습니다. 첫째, 상처에 공감해 주는 방법이 있습니다. 그러나 이것이 그리 쉽지는 않습니다. 또한 잘못하면 상처를 공감해 주는 것이 아니라 학부모의 반대쪽에 있는 학부모에게 오해받을 수 있습니다. 상처는 위로 받고 공감 받을 때 회복되는 경향이 있지만 그 부분은 상당한 심리적 에너지가 쓰입니다.

둘째, 학생이 상처받은 일에 대해서 학부모가 할 수 있는 일에 집중하도록 제안합니다. 학생의 마음에 함께 머물러 있는 것에 학부모 감정이 동일시된다면 그것은 학생이 그 상처에서 무엇인가 느끼고 배울 수 있는 기회조차 빼앗아 버리는 행동이 될 수 있습니다. 따라서 함께 상처를 보듬어 주며, 학생의 성장을 위해 무엇을 할 것인지 함께 고민해 보는 방향으로 마음을 전하도록 합니다.

셋째, 학부모끼리의 감정 싸움은 교사가 개입할 사안이 아님을 정중히 표현합니다. 학교에서 학부모 상담을 하는 이유도 학부모 심리 상담 목적이 아닙니다. 학생에 관한 생활 상담은 학교에서 이루어지지만 학부모간의 일에는 교사가 개입할 근거도, 목적도, 이유도 없습니다. 다만, 학부모간의 일이 잘 갈무리가 되면 학생간의 일도 잘 해결되는 경향이 있기 때문에 아이를 위하는 마음으로 잘 해결되기 바라는 뜻을 전하는 것은 필요합니다.

| 그 밖에 더 좋은 상담을 원할 때 |

Q "상담이 꼭 필요한데 자꾸만 피하는 경우에는 어떻게 해야 할까요?"

A 무척 답답한 상황 중 하나입니다. 학부모가 상담을 피하는 것 같이 느껴지면 무척 안타깝고 아쉽습니다. 그런데 어쩌면 상담을 피하는 것이라기보다는 상담을 할 상황이 아닐 수도 있습니다. 아이의 부정적인 면을 확인하고 싶지 않아서일 수도 있습니다. 혹은 말하기 싫은 가정사를 말하게 될 것 같아 피하는 것일 수도 있습니다. 혹은 직장 문제로 바빠서 적당한 상담 시간을 못 잡아서일 수도 있고, 자꾸 깜빡 잊어서일 수도 있지요.

어찌 보면 피하는 것인지 아닌지 정확한 상태를 객관적으로 파악할 방법은 없습니다. 이런 상황의 경우에는 상담을 피하는 것이 아닌가라는 예단을 하기보다는 있는 그대로의 상황으로만 판단하는 것이 안전합니다. 상담을 피한다고 생각하는 것은 담임교사의 상황 평가일 뿐, 그것이 사실인지 아닌지는 잘 모릅니다.

학부모 상담을 학부모가 '피한다'고 판단이 된다면 상담을 하게 되더라도 원하는 목표에 도달하기 어려울 수도 있습니다. 일단 있는 그대로, 학부모 상담을 올 상황이 아닌 것으로만 인식하고, 전화나 문자 등으로 시간이 괜찮을 때 오시면 아이 성장에 도움이 될 것이니 언제든지 편하실 때 꼭 직접 뵙고 이야기 나누고 싶다고 학부모에게 제안을 하고 선생님의 마음을 전달해 보는 것은 어떨까요? 학부모가 정말 상담을 피한다면, 우리가 알지 못하는 상당한 이유가 있을 것입니다.

Q "상담할 때 교사가 꼭 기억해야 할 것을 콕 집는다면 무엇이 있을까요?"

A 첫째, 앞의 Part1~3에서도 언급했지만 가장 중요한 것은 '학부모 상담을 왜 하는가?'에 대한 고민을 갖고 있으면 도움이 될 듯합니다. '학교와 교육청에서 시키니까 하는 불편한 만남'이라는 생각이 머릿속에 있다면 상담 기술을 고급스럽게 발휘한다고 하더라도 상대방은 알아차릴 수밖에 없습니다. 피하고 싶은 상담으로 규정짓고 회피 동기를 핑계 삼는 오류를 범하면 학부모 상담뿐만 아니라 학급 운영의 전반적인 과정에서 작은 마찰, 갈등이 소소하게 일어날 수 있습니다. 학부모 상담을 접근 동기의 관점으로 바라보고 '한번 해 볼까?'라는 마음으로

만나는 것이 교사 자신에게 가장 바람직한 방법일 것입니다.

둘째, 이 세상은 60억 개의 성격이 존재한다는 것을 기억해 주세요. 어떤 사람도 완벽히 일치하는 성격은 있을 수 없습니다. 작년 담임교사가 너무 힘들다는 학부모가 정작 나에게는 편한 분일 수도 있고, 그 반대의 경우도 존재합니다. 학부모를 만날 때 선입견 없이 보는 연습, 그리고 깊은 마음에 접근할 수 있는 용기를 내는 것이 필요합니다. 그 노력만 해도 학부모는 담임교사의 그런 모습에 힘을 얻을 것입니다. 이는 학부모에게 격려와 지지가 되고, 그 마음은 다시 선생님께 돌고 돌아올 것이라 확신합니다.

셋째, 상담은 생활지도와 수업만큼 중요한 교육 활동입니다. 모두 유기적으로 연결되어 있습니다. 수업과 생활지도가 최우선이고, 상담은 그렇게까지 필수적인 것은 아니라고 생각하는 경우가 있습니다. 그렇다 보니 준비나 교사의 태도에서 상담에 대한 인식이 쉽게 드러납니다. 만약, 공개수업처럼 상담하는 모습과 내용을 평가받는 제도가 있다면 어떨까요? 많은 학부모들이 입을 모아 상담에 대해 아쉬움을 표현하는 부분이 바로 이것입니다. 심지어 "상담하는 날만이라도 학생을 관찰해 달라."고 말하기도 합니다. 공개수업만큼은 아니더라도 최소한의 준비는 필요합니다. 적어도 맨손, 맨입으로 상담을 시작하지는 않겠다는 기준을 세워 놓고 2가지 이상, 학부모와 공유할 자료를 준비해 주세요.

마지막으로 교사는 교육 전문가의 모습을 지향하지만, 인간을 이해하고 파악하는 일을 완벽하게 해낼 수는 없습니다. 학생을 십 년 넘게 키운 학부모도 학생을 이해하기 어렵다고 합니다. 그것을 교사가 단번에 한다는 것은 오히려 오만에 가까운 일일 것입니다. 그러므로 '모르는 것' 자체를 두려워하실 필요 없습니다. 학부모와 함께 알아가면서 정보를 퍼즐처럼 맞추어 나가면 됩니다.

다만, 잘 모르면서 그것을 감추기 위해 '섣불리 예측하고 판단하는 것'은 경계해야 합니다. 교권의 위상이 예전 같지 않다고는 하지만 아직까지 교사의 생각과 말은 학생과 학부모에게 많은 영향을 줄 수 있다는 사실을 기억해 두어야 하겠습니다.

나오며

처음 이 책의 공저를 제안받고 나서 두려움이 앞섰다.

'내가 상담에 대해 뭘 안다고?'

상담에 대한 전문가 선생님과 함께하는 작업이지만, 자격지심 같은 것이 마음 한 구석에 자리 잡으면서 생겨나는 내면의 두려움이 계속 스스로를 괴롭힌 것이다. 그러나 그 현실을 다르게 바라보기로 마음먹으면서 감정과 생각이 바뀌었다. '내가 상담에 대해 뭘 아는지' 걱정했던 마음과 두려움이 '내가 첫 상담을 했던 때'로 시간을 거슬러 올라가도록 만들었기 때문이다. 이제는 어느 정도 무뎌져서 큰 어려움 없이 무난하게 진행하고 있는 상담이지만, 그때는 어땠을까? 무엇이 날 두렵게 했고, 어떤 준비가 필요했으며 문제 상황 시 어떻게 극복했는지를 상기시켜 주었다. 그리고 그 일련의 과정을 차분히 정리하면서 자신 있게 이야기할 수 있게 된 것이다.

상담하면서 실수했던 것은 무엇이었나?

상담 전 걱정되고 두려운 것은 무엇이었지?

학부모들은 어떤 점을 걱정하면서 상담할까?

나와의 상담이 정말 도움이 되고 안심되었을까?

진정으로 학생의 학교생활을 돕는 방법은 무엇일까?

이런 고민들을 김태승 선생님과 공부하고 정리하면서, '왜 교사들은 상담에 대해 서로 허심탄회하게 정보를 나누고 피드백을 하는 경험이 적을까?' 라는 생각을 했다. 서로 고민을 나누는 것만으로도 많은 용기와 아이디어를 얻을 수 있었기 때문이다. 물론, 수업 연구나 교육과정 재구성만 해도 시간이 부족하지만, 어쩐지 상담이란 영역은 유달리 교사 개인의 역량과 말주변에 기대고 있다는 생각이 들었다.

상담에 어떤 기술과 태도가 필요한지 모르는 사람은 거의 없을 것이다. 아무리 몰라도 공감이나 경청의 중요성과 나-메세지(I-Message) 정도의 기술은 기본으로 여긴다. 이것만 잘해도 상담을 무난하게 진행할 수 있을 것이다. 다만, 필자들이 주목한 것은 그것이 제대로 작용할수 있도록 유무형의 환경과 준비가 필요함을 인식시키는 것이었다. 교사 단독의 뛰어난 능력으로 이끌어가는 기술적 접근의 상담은 지양하고 학생을 중심으로 한 학부모와의 유대감 형성과 정보 공유, 상담의 밀도를 높이고 신뢰를 쌓는 환경과 내용의 준비, 불편할 수 있는 여러 요인들의 제거를 통해 건강한 '작업동맹'을 달성하는 것에 초점을 두었다. 그리고 그 작업이 진행되는 동안 상담의 수혜자로써의 교사와 긍정적 태도의 중요성을 다시금 깨닫게 되었다.

이 책은 실전에서 쌓은 검증된 노하우와 이론으로 구성하면서도 학부모들에게 직접 물으며 알게 된 상담 고민, 필자들의 실제 경험과 자기성찰이 담겨 있다. 어떤 부분은 일기이면서, 반성문이기도 하다. 이 책을 통해 상담이 고민인 선생님의 자기반성으로 보내는 시간이 조금이라도 줄어들 수 있기를 바란다. 또한 '상담의 최고 수혜자는 교사'라는 말을 몸과 마음으로 느낄 수 있는 시간을 빠른 시간 내에 맞이할 수 있기를 바라며, 그렇게 되리라고 확신한다.

학생을 위해 학부모와 굳건한 '작업동맹'을 이루는 선생님의 모습을 응원한다.

-지은이 김연민

학생, 학부모, 교사가 함께 성장하는
초등 학부모 상담

1판 1쇄 발행 2019년 4월 20일
1판 4쇄 발행 2023년 11월 30일

지은이 김연민 · 김태승
삽 화 유루시아

발행인 송진아
편 집 송진아
디자인 권빛나
제 작 제이오앨엔피
펴낸 곳 푸른칠판
등 록 2018년 10월 10일(제2018-000038호)
팩 스 02-6455-5927
이메일 greenboard1@daum.net

ISBN 979-11-965375-0-0 13370

이 도서의 국립중앙도서관 출판예정도서목록(CIP)은 서지정보유통지원시스템 홈페이지(http://seoji.nl.go.kr)와 국가자료공동목록시스템(http://www.nl.go.kr/kolisnet)에서 이용하실 수 있습니다. (CIP제어번호:CIP2019010628)